湖南工业大学出版基金资助

U0797432

“农转非”群体参与村庄治理研究

——湘中胜村的表述

王 前 著

海洋出版社

2019年 · 北京

图书在版编目（CIP）数据

“农转非”群体参与村庄治理研究：湘中胜村的表述/王前著．—北京：海洋出版社，2019.12

ISBN 978-7-5210-0501-1

Ⅰ.①农…　Ⅱ.①王…　Ⅲ.①农村-群众自治-研究-中国　Ⅳ.①D638

中国版本图书馆 CIP 数据核字（2019）第 286353 号

责任编辑：杨　明

责任印制：赵麟苏

海洋出版社　出版发行

http：//www.oceanpress.com.cn

北京市海淀区大慧寺路 8 号　邮编：100081

北京朝阳印刷厂有限责任公司印刷　　新华书店发行所经销

2019 年 12 月第 1 版　2019 年 12 月北京第 1 次印刷

开本：787mm×1092mm　1/16　印张：14.25

字数：178 千字　定价：60.00 元

发行部：62132549　邮购部：68038093　总编室：62114335

海洋版图书印、装错误可随时退换

代序

我和王前博士都属于从农村考学出来的“农转非”群体。作为这一群体的一份子，都不免对生育自己的乡村怀着一种朴素的情感，尽管童年的乡村生活非常清苦，但如今回想起来却那么美好。事实上，生于斯的那个乡村就像我国其他农村一样，已经发生了翻天覆地的变化。改革开放四十年来，乡村人民彻底摆脱了温饱问题，物质生活得到长足发展，但是其与城市相比在诸多方面却差距愈来愈大，且日趋衰落。湘中胜村是王前的家乡，随着城镇化和市场化的快速发展，同样也出现了“空心化”和“留守化”的治理困境。如何走出这一治理困境、切实推进乡村振兴，对于我们这些从乡村走出来的“农转非”者而言，是自然而然会去思考的命题。

一次偶然的回乡，王前了解到，无论是胜村举办的春节联欢会、开展爱心互助活动还是新村部建设、修桥筑路，都活跃着一群户口已经从胜村迁出的“农转非”“活跃分子”，他们积极参与村庄治理，成为影响村庄治理的一种重要力量。这引起了王前的注意。从胜村归来，王前跟我兴奋地谈起这次见闻，希望自己的博士学位论文对这些“农转非”“活跃分子”进行研究。对于乡村治理的研究，人们一般聚焦于乡村干部、乡村精英、村民或乡村组织，较少跳脱出来专门研究那些从乡村走出来、从户籍意义上而言已是“非农人口”的这群人，他们仍然寄情于乡村、关心着乡村发展，时刻想着为自己的家乡做点什么。其实罗兴佐教授在自己家乡龙村的调查中较早地关注到这群人，把他们称之为“第三种力量”。他敏锐地提出，这种力量有可能成为村庄治理的重要力量，因为它既能争取到村外资源，又能整合村庄人的利益诉求，并且表现出较高的公益心，因而也为村庄人所期待。可惜的是，随后没有人对乡村的“第三种力量”跟进研究。正因为如此，我自然支持王前做这个研究。当时，王前并不知道罗教授已经注意到这个群体，他们都是从乡村田野凭着直觉发现了这群人的重要作用。事实上，我们许多社会科学的研究来自于这样的“直觉”。

但是，这样的“直觉”并不是凭空产生的。在读博士的前两年，王前一直参与我主持的国家社科基金重大项目“加快公共文化服务体系建设研究”。对城乡公共文化服务做了大量调查，发表了不少公共文化服务方面的研究成果。他回胜村调查，一开始主要是关注村子里举办的“春节联欢会”事件。通过对这一事件的深入了解，才发现从村里走出去的“农转非”群体是乡村“春节联欢会”的发起者和组织者。随后的访谈，他进一步了解到这个群体创办了胜村爱心互助会，积极参与村庄公共事务，他们与当地的村干部形成“权威竞合”关系——他们一方面成为与村干部“体制权威”相竞争的“民间权威”，另一方面又成为村干部倚重的力量，在一定程度上因为他们的参与而改变了村庄治理的结构。这些生动的田野观察和思考，促使王前将自己的研究视野移至乡村“农转非”群体上来。

此前，王前并没有做过乡村治理的研究，其研究基础比较薄弱。但是天道酬勤，为了做好这项研究，王前一时恶补了相关研究文献的学习，更为重要的是，他先后 12 次回胜村进行田野调查，每次一两周时间，共约 90 天，对村干部、村民、“农转非”人员等进行了大量访谈，积累了丰富的第一手资料。通过扎实的调研、多次的讨论，他最终明确了自己的写作思路。在不到1年的时间内，他如期完成了自己的学位论文写作，并顺利参加了学位论文答辩，得到了评审专家的充分肯定。他的这篇学位论文，被推荐为学校的优秀学位论文。现在呈现在读者面前的这部专著，便是他博士学位论文经过认真修改后的最终成果。

党的“十九大”报告提出了乡村振兴战略，这对于推动中国乡村发展是一个极好的政策机遇。乡村振兴必须首先直面乡村“空心化”问题，积极应对乡村“个体化”的历史之变。在这个深刻的历史之变之际，我们这些从乡村走出来的“农转非”群体，如能积极参与村庄治理，将会在一定程度上弥补村庄治理资源的不足、提升村庄认同的再生产能力、丰富村庄公共产品供给、激活乡村社会活力，从而助推乡村振兴战略的在地实施。诚如王前所言，引导和鼓励“农转非”群体参与村庄治理，亦不失为缓解甚至破解农村“空心化”“个体化”治理困境的一种应对之策。我想，这些乡村社会的“第三种力量”是愿意为生于斯的乡村做贡献的，当前最紧要的是政府要建构相应的机制，让这一力量能够“回得去”“办实事”，切实有效地发挥他们应有的作用。乡村是我们这些“离乡”者的“乡愁”之地，乡村振兴亦是我们魂牵的“乡村梦”！

我期待着，作为一个年轻的学者，为了心中的那个乡村振兴梦，王前博士将做出更多更好的乡村研究成果！

吴理财

2019年11月24日

于安徽大学蕙园

前言

在中国户籍管理制度中，“农转非”意指公民的户籍管理类别由农村户籍转为城镇户籍。“农转非”群体则是指实现了从农村户籍到非农户籍转换的人群。“农转非”群体作为“摆脱了农民身份”的人群，他们与迁出地村庄间仍存在千丝万缕的关联。探讨“农转非”群体与村庄的关系和理解他们参与村庄治理的行动逻辑是本书的研究主题。

以湘中胜村为个案，本书回顾了新中国成立以来“胜村人”实现“农转非”的历史，分析了胜村“农转非”群体在“摆脱农民身份”后与村庄存在的各种关联，并描述和分析了胜村“农转非”群体参与村庄筑路修桥、举办村庄春节联欢会、成立爱心互助会和保护村庄古桥等的行动实践。

通过对胜村个案的研究，作者认为理解“农转非”群体参与村庄治理这一社会现象，需要把握该群体的特殊身份和城乡关系的变迁。“农转非”群体的特殊身份是理解他们参与村庄治理的关键因素。“农转非”人员尽管通过升学、参军转业、招工、购房落户等方式摆脱了农民身份，进而失去了村庄的“法律性村民身份”，但是，他们仍然具有“文化性村民身份”。所谓“文化性村民身份”是指，在中国的文化传统中，“农转非”人员尽管户口不再在村庄，从而不再具备“法律性村民身份”，但是在他们自己和村民的文化认同中，他们仍然属于村庄的人，只不过是村庄的“在外工作人员”。“文化性村民身份”的身份认同，赋予了“农转非”群体参与村庄治理的基础性文化动力。“农转非”群体参与村庄治理的现象，还必须置于城乡关系结构及其变迁的宏观社会背景之下来理解和把握。一方面，对于大部分居住在城镇的“农转非”人员而言，尤其是对于那些在村庄有长期生活经历并且年岁已大的“40后”、“50后”和“60后”的“农转非”人员而言，村庄是他们人生价值的重要归宿，参与村庄治理是他们寻找和展示自己人生价值的一种选择。另一方面，随着城乡关系进入“城市反哺乡村”阶段，“项目下乡”为“农转非”群体从村庄获取物质利益提供了空间。故而，“农转非”群体参与村庄治理不仅有基础性文化动力，还有物质利益动力。

城镇化和市场化促使大量农村青壮年劳动力流向城镇，中国农村出现了“空心化”和“留守化”的治理困境。“农转非”群体参与村庄治理有利于丰富村庄治理资金来源、弥补因村庄青壮年劳动力流失造成的治理主体缺乏、提升村庄认同的再生产能力和丰富村庄公共产品供给。因此，引导和鼓励“农转非”群体参与村庄治理不失为缓解甚至破解农村“空心化”治理困境的一种应对之策。

目录

第一章　绪论

一、问题的提出

问题是研究的起点。本研究缘起于 2015 年清明节期间笔者回胜村的一次田野调查，以及由此引发的跟踪调查与思考。

2001 年，笔者考入大学求学。随后不久，因为生计和发展的需要，举家离开家乡——胜村，至 2015 年，已经整整 14 年了。在这 14 年间，笔者与胜村的联系主要限于与村内亲邻礼俗性的人情往来与每年清明的扫墓活动。2015 年清明，笔者回到胜村扫墓，在与村民的闲谈中得知，胜村从 2009—2011 年连续三年自办了村庄春节联欢会，在县乡轰动一时。特别是第三届春节联欢会（2011 年），本村和周边村庄前来观看的群众有上千人，市县两级媒体都对胜村春节联欢会进行了报道。其时，正值国家大力推行社会主义新农村建设和公共文化服务体系建设，农村文化建设日益受到基层政府的重视。在此背景下，胜村连续三年自发举办春节联欢会，因此在当地的知名度迅速提高，引起了县委宣传部的关注。第三届春节联欢会（2011 年）结束后不久，县委宣传部领导来到胜村进行专题调研，高度肯定胜村以春节联欢会为主要内容的农村文化建设实践。县委宣传部把胜村确定为县级精神文明建设示范点，奖励 1

万元鼓励胜村继续办好2012年的春节联欢会，并计划派出拍摄团队，让官方媒体予以重点报道。吊诡的是，在这样的大好形势下，因为一直主导春节联欢会的“活跃分子”与村干部在认识和行动上的矛盾，2012年春节联欢会最终竟然“流产”，以致县里不得不临时安排另外一个村庄接过了胜村自办春节联欢会的“传递棒”。此事的当事双方至今各执一词，不明所以。村庄春节联欢会“品牌”的丧失成了村内舆论指责相关当事人的重要话题。当时，笔者所在研究团队正在从事农村公共文化服务的相关研究，胜村自办村庄春节联欢会这一现象很自然地吸引了笔者的注意。笔者随即展开了进一步的田野调查。

通过进一步的田野调查，笔者发现，在胜村春节联欢会的发展过程中，无论发起还是实施，都活跃着一群户口已经从胜村迁出的人。这群户口已经从胜村迁出的“活跃分子”，除了举办春节联欢会外，他们还参与了胜村新村部的修建，成立了以“扶助有志青年，关爱弱势群体”为宗旨的胜村爱心互助会，开展了关爱“五保”户、重症病人家庭等困难户和奖励考上大学的新生等一系列爱心活动。此外，在一些修桥筑路的村庄公共事务中，也常常看到这群“活跃分子”的影子。一句话，这群“活跃分子”参与与或介入了村庄治理①，成为影响村庄治理的一种力量。

这群“活跃分子”有一个共同的身份特征，即他们都出生或成长在胜村，户口都已经通过升学、参军转业、招工等途径迁出了胜村，但他们仍然关注、关心和支持胜村的各项公共事务。在胜村村民的话语中，他们是本村的“在外工作人员”。用中国户籍管理的专用名词说，他们是“农转非”人员。众所周知，“农转非”是中国特有的具有城乡区隔功能的户籍制度的产物，曾经长期是中国农民从农村向城市合法流

① 本书把“村庄治理”界定为：在村庄范围内，各种公共组织、社会组织和个人，运用自身权威，维持村庄秩序，满足村民公共需求，增进村庄公共利益的活动过程。

动的唯一的制度性通道。已经有相当多的文献对“农转非”制度的演变、“农转非”制度对个体的影响，以及“农转非”在迁入地的社会融入进行研究。但是，关于“农转非”群体与村庄的联系，以及关于“农村非”群体与村庄治理关系的研究却并不多见。

随着城镇化进程的加快，一方面，越来越多的农村精英一如既往地以各种形式涌入城镇，拥抱城市“文明”，村庄则呈现出日益明显的“空心化”趋势，另一方面，自2006年以来，以农业税的全面免除和新农村建设战略的实施为主要标志，国家加大了城市反哺农村的力度，加大了对农村建设的投入，“留得住山，留得住水，留得住乡愁”成为党和国家的政策目标和离开农村的人们的文化期许。在这一宏大的时代背景下，村庄治理再次以“问题”的形式，呈现在决策者和研究者的面前。那么，“农转非”群体作为一个尚未得到足够重视的群体，他们参与村庄治理能否成为回应新时代背景下村庄治理“问题”的一种思路或者方案呢？这是本书研究所关注的焦点。

具体而言，本书所意欲回答的问题有：(1)“农转非”群体是在什么样的制度背景下产生的？以及如何产生的？(2)“农转非”群体在户口迁出村庄后，与村庄还存在哪些关联？(3)已经“摆脱农民身份”的“农转非”群体如何参与村庄治理？(4)“农转非”群体参与村庄治理有着怎样的行动逻辑？

二、文献综述

（一）关于“农转非”的研究

“农转非”是中国户籍制度管理中的一个专用名词，它的意思是指公民的户籍管理类别由农村户籍转为城镇户籍。① 显然，对“农转非”概念的理解，离不开对中国户籍管理制度创设与演变的把握。中国的户籍管理制度，不仅仅是一种人口管理登记制度，由于城镇户籍和农村户籍上附属着差异很大的社会福利，故它还是一种利益分配制度。同时，由于“农转非”的制度通道一直被严格控制，户籍管理制度在某种程度上还是一种城乡区隔制度，是城乡二元结构的重要制度支撑。因为中国户籍管理制度的特殊性，与户籍管理制度密切相关的“农转非”议题受到学界广泛的关注与研究。有关中国户籍管理制度的专题性研究成果非常丰富②，本书不再赘述。下面本书从“农转非”制度的演变、“农转非”的途径和“农转非”群体三个方面回顾既有研究文献。

1. “农转非”制度的演变

关于“农转非”制度的产生，一般认为，“农转非”的系统性政策表述首见1977年国务院批准的《公安部关于处理户口迁移的规定》③，但实质上的“农转非”却发端于户籍管理制度对于户口的区分与流动的限制。④ 在新中国成立之初，户籍管理制度的主要功能是治安管理和人口统计，⑤ 就算是为了恢复公共秩序和缓解城市社会问题，也主要是

① 郭虹《“农转非”与中国的户籍制度改革》，《经济体制改革》2004年第4期。

② 有关中国户籍制度的专题性研究成果主要有：陆益龙：《户籍制度：控制与社会差别》，商务印书馆，2003年版；陆益农：《超越户口：解读中国户籍制度》，中国社会科学出版社，2004年版；王清：《利益分化与制度变迁：当代中国户籍制度改革研究》，北京大学出版社，2012年版；王峰：《户籍制度的发展与改革》，中国政法大学出版社，2013年版，等等。

③ 刘荟：《农转非：基于经济变迁与制度变迁的视角》，华中师范大学硕士学位论文，2011年，第4页。

④ 张婷：《“农转非”：国家建构下的农民身份选择逻辑》，华中师范大学硕士学位论文，2011年，第1页。

⑤ 杨士进：《现行户籍制度的形成、演变及其反思》，《北京党史》2008年第2期。

把户口管理与说服、劝阻和动员工作相结合起来，而没有用命令式的强制方式，[①] 但后来却逐步发展为具有福利分配和人口流动限制的制度。

1958年的《中华人民共和国户口登记条例》正式明确了户口登记工作的各项内容，[②] 其中，户口迁移审批制度和凭证落户制度具有限制农村人口迁往城镇的功能。[③] 1963年，公安部下发文件，以是否吃国家计划供应的商品粮为标准，区分了“非农户口”和“农业户口”两种户籍身份，严格限制人口自由流动。在文化传统及发展战略选择的路径依赖下，户口登记管理制度的功能由最初单纯的治安管理和人口登记功能逐步演变为以社会控制为主，并最终将限制人口自由迁移功能纳入户籍管理，从而建立了城乡分治的户籍制度。[④] “非农户口”和“农业户口”，成为限制或控制个人的迁徙和居住自由以及接近和占有资源权利的法律依据。[⑤]

随着城镇化的发展，城市发展对资金和用地的需求逐步增大，催生了另外两种形式的“农转非”——商品化“农转非”和征地“农转

---

① 这可以从该时期的政策性文件的名称看出来，从1953—1957年，国务院先后三次下发文件劝阻农民盲目流向城市，1953年4月国务院发出了《劝止农民盲目流入城市的指示》，1956年秋后国务院于年底再次发出《防止人口盲目外流的指示》，1957年初国务院又对1956年的指示作了补充再次下发。这三个文件在措辞上都是用的“劝止”和“防止”，而非“禁止”，具有明显的“劝说”和“动员”性质。

② 《条例》明确规定“公民由农村迁往城市，必须持有城市劳动部门的录用证明，学校的录取证明，或者城市户口登记机关的准予迁入的证明，向常住地户口登记机关申请办理迁出手续”。

③ 边燕杰，李颖晖：《体制转型与户籍身份转化：“农转非”微观影响机制的时代变迁》，《中山大学学报（社会科学版）》2014年第4期。

④ 杨士进：《现行户籍制度的形成、演变及其反思》，《北京党史》2008年第2期。

⑤ 陆益龙：《1949年后的中国户籍制度：结构与变迁》，《北京大学学报（哲学社会科学版）》2002年第2期

非”。商品化“农转非”主要指各地以集资为由公开向社会出售“城镇户口”。[①] 征地“农转非”主要是伴随着城镇扩张，处于“城乡结合部”的城郊农村由于征地而整个村庄甚至整个乡镇居民由农业户口集体转为非农业户口。[②] 这两种“农转非”方式事实上是把城镇化所需资金和土地的筹集与户口管理联接起来。

2. 关于“农转非”途径的研究

“农转非”制度设定了农村居民把自己户籍由农业户口转变为城镇户口的制度性途径。大量研究通过对有关“农转非”的法律和规范性文件的梳理和分析，发现农村居民把自己户籍由农业户口转变为城镇户口的制度性途径主要有：升学[③]、招工[④]、参军转业[⑤]、随军[⑥]、投

① 参见：穆光宗：《“农转非户口指标”商品化刍议》，《社会》1993 年底 7 期；陆益龙：《1949 年后的中国户籍制度：结构与变迁》，《北京大学学报（哲学社会科学版）》2002 年第 2 期。

② 参见：陈绍友：《征地农转非人员非农就业促进及其管理研究》，西南大学博士学位论文，2009 年，第 1 页；廖敏：《城市化中的农转非社区转型问题研究》，重庆大学硕士学位论文，2009 年，第 3 页。

③ 升学主要指农村学生经过国家考试，被城市中专以上大中专学校录取的后，户口可以转为城镇户口。

④ 招工主要指各级国有工矿企业根据政策规定面向农村居民招收一定数量的工人，被招的工人可以转为企业所在地城镇户口，但是“合同制”工人和“临时”工人等除外。

⑤ 参军提干主要指农村青年参军并在部队提升为干部后，在退伍后一般会由当地政府安置工作，从而户口也落户为城镇户口。

⑥ 随军主要指军官的直系亲属（妻子、子女）可以在军官服役一定年限后，按政策规定在其驻地转为城镇户口。

亲[①]、人才引进[②]、落实政策[③]、购买“农转非”指标、征地等。

各种“农转非”途径构成了农村居民实现“农转非”所面临的机会结构。研究发现，教育水平（升学）、参军经历都会显著性地提高农村人口“农转非”的概率。[④] 事实上，在大规模城镇化之前的“农转非”具有选拔性，升学具有智力选拔性、参军中也只有提干者才能实现“农转非”、招工则更多是面向年青人。[⑤] 在城镇化速度加快之后，由于被征地以政策安置性方式整体获得非农户口的“农转非”途径则相对不具备选拔性。[⑥]

就各种途径的比较而言，升学是户口流动的主要决定性因素，特别是大专及以上的教育水平有助于人们从农村到城市的向上的户籍流动，[⑦] 教育程度越高，“农转非”的机会越大，[⑧] 因此，升学是各种途径中最重要也最具持续性的“农转非”途径。同时，由于升学具有智力选拔的特点，并非所有的农村居民都具有这种潜质。“参军”作为升学以外的“农转非”途径，也是农村居民实现“农转非”的重要途径，

---

① 投亲主要指在农村无人抚养、生活不能自理的老人按政策和批准的进城指标投靠城镇的直系亲属。此外，如煤矿井下工、石油野外作业等特种作业工种的农村家属经批准可以迁入其工作单位所在的城镇。

② 人才引进主要指按地方性政策和特批的人才及其家属可以随迁为城镇户口。

③ 落实政策主要指按照各种政策规定可以恢复城镇户口的人，例如上山下乡的知识青年。

④ Wu, X. G., D. J. Treiman. The household registration system and social stratification in China: 1955—1996. Demography, 2004, 41 (2): 363-384.

⑤ 谢桂华：《“农转非”之后的社会经济地位获得研究》，《社会学研究》2014 年第 1 期。

⑥ 边燕杰，李颖晖：《体制转型与户籍身份转化：“农转非”微观影响机制的时代变迁》，《中山大学学报（社会科学版）》2014 年第 4 期。

⑦ Wu, X. G., D. J. Treiman. The household registration system and social stratification in China: 1955—1996. Demography, 2004, 41 (2): 363-384.

⑧ 边燕杰，李颖晖：《体制转型与户籍身份转化：“农转非”微观影响机制的时代变迁》，《中山大学学报（社会科学版）》2014 年第 4 期。

有学者对此进行了专题研究。①

3. 关于“农转非”群体的研究

在中国户籍管理制度设定的“农转非”制度结构中，顺利地经由各种途径把自己的农村户口转变为城镇户口的人群，可称为“农转非”群体。与“农转非”群体相参照的群体主要有两个，一是持有农村户口的群体，也即农民，二是出生即可以登记为城镇户口的群体，也即“市民”。由于“农转非”经历了从农村户口到城镇户口的转变，他们的人生轨迹与生活机遇等受到了人口学和社会学的大量关注。

大量研究表明，“农转非”意味着社会上升流动。户籍的背后存在着社会保障、住房状况、求学机会、就业机会、收入水平等一系列资源配置和人生际遇向城镇户口倾斜的严重不平等，由户籍制度所生产的农民身份和非农身份具有重大的阶层划分作用。② 由于成功实现了生活地域与户籍身份的双重跨越，“农转非”群体在社会保障、住房状况、就

---

① 汪建华：《参军：制度变迁下的社会分层与个体选择性流动》，《社会》2011 年第 3 期。

② 参见：Chan，K. W. Post-Mao China：A Two-class urban society in the making. International Journal of Urban and Regional Research，1996，20（1）：134-150；Cheng，T. J. ，M. Selden. The Origins and Social Consequences of China's Hukou System. China Quarterly，1994（139）：644—668；陆益龙：《户口还起作用吗——户籍制度与社会分层和流动》，《中国社会科学》2008 年第 1 期；李春玲：《流动人口地位获得的非制度途径——流动劳动力与非流动劳动力之比较》，《社会学研究》2006 年第 5 期；吴晓刚：《中国的户籍制度与代际职业流动》，《社会学研究》2007 年第 6 期；王美艳，蔡昉：《户籍制度改革的历程与展望》，《广东社会科学》2008 年底 6 期。

业机会、收入水平等生活机遇方面确实获得了巨大提升。① 同时，“农转非”不但能使自己跨越了城乡壁垒，实现了自身的社会流动，② 并且可以进一步为自己子女的发展争取权利和创造条件。③ 因此，“农转非”从来都不仅仅意味着户籍的改变，更重要的是身份的改变。④

“农转非”群体不仅与持有农村户口的群体相比具有明显的优势，甚至与未曾经历过“农转非”的城镇户籍群体相比，“农转非”群体在城市劳动力市场上也享有相对优势，更有可能获得管理/技术性职位，且职业的社会经济地位指数也更高。⑤ 然而，“农转非”群体相对于出身时即为城镇户籍（也即未经“农转非”过程）的优势并非没有条件的，其中“农转非”时的年龄是一个重要变量，研究发现，“那些 14 岁时依然是农业户籍的‘农转非’人员日后的发展却不如 14 岁时拥有城镇户籍的人群”，⑥ “35 岁以后获得城镇户籍的人口与非农转非群体

---

① 参见：Fan，Cindy. The Elite，the Natives，and the Outsiders：Migration and Labor Market Segmentation in Urban China. Annals of theAssociation of American Geographers 2002，92（1）：103－124；吴晓刚：《中国的户籍制度与代际职业流动》，《社会学研究》2007 年第 6 期；Logan，J. R.，Y. P. Fang，Z. X. Zhang. Access to Housing in Urban China. International Journal of Urban and Region-alResearch，2009，33（4）：914-935；林易：《“凤凰男”能飞多高——中国农转非男性的晋升之路》，《社会》2010 年第 1 期。

② 参见：刘精明：《向非农职业流动：农民生活史的一项研究》，《社会学研究》2001 年第 6 期；李强：《中国大陆城市农民工的职业流动》，《社会学研究》199 年第 3 期。

③ 参见：吴晓刚：《中国的户籍制度与代际职业流动》，《社会学研究》2007 年第 6 期；Wu，X. G.，D. J. Treiman. The household registration system and social stratification in China：1955—1996. Demography，2004，41（2）；Liang，Z.，Y. P. Chen. The Educational Consequences of Migration for Children in China. Social Science Research，2007，36（1）.

④ 张婷：《“农转非”：国家建构下的农民身份选择逻辑》，华中师范大学硕士学位论文，2011 年，第 19 页。

⑤ 谢桂华：《“农转非”之后的社会经济地位获得研究》，《社会学研究》2014 年第 1 期。

⑥ 吴晓刚：《中国的户籍制度与代际职业流动》，《社会学研究》2007 年第 6 期。

相比也并不具备优势”。①

除了上述“农转非”群体的宏观研究外，还有学者研究了“农转非”的微观机制。② 这项研究表明：宏观上，户籍制度的沿革同步于国家工业化、城镇化、市场化的过程，这是“农转非”的机会结构和制度空间；微观上，家庭出身、父代资源、个人教育、参军经历是重要的个人特征变量，影响着社会成员能否成功实现“农转非”，并且随着“农转非”的机会结构和制度空间的变化而变化；同时，“农转非”机制在改革前后有着重要的差异，改革前更多呈现由特殊主义、能力主义相结合的混合筛选模式，改革后则主要是能力主义主导、途径更加多元和机会更加均等的模式，进而改革前后的“农转非”群体也存在明显的差异。改革前的“农转非”群体是国家依据政权建设和工业化、城镇化的需求，在农村地区相应的筛选政治忠诚、有文化知识、有专业技术的农民出身人员，改革后的“农转非”群体则异质性迅速增强，大多数是在非选拔性的过程中进入非国有部门或处于自雇、无业状态。③

还有研究注意到了户口流动方式的不同产出了两种“农转非”群体。其一是通过在城市升学、就业等具有高度选择性的流动方式获得非农户口的“农转非”群体。其二是在城市化进程中由于被征地以政策安置性方式整体获得非农户口的“农转非”群体，前者的高度选择性的户口转换方式一般带来“极度的向上流动”，后者的政策补偿式的户

---

① 谢桂华：《“农转非”之后的社会经济地位获得研究》，《社会学研究》2014 年第 1 期。

② 边燕杰，李颖晖：《体制转型与户籍身份转化：“农转非”微观影响机制的时代变迁》，《中山大学学报（社会科学版）》2014 年第 4 期。

③ 边燕杰，李颖晖：《体制转型与户籍身份转化：“农转非”微观影响机制的时代变迁》，《中山大学学报（社会科学版）》2014 年第 4 期。

口转换则并不能够带来收入回报。①

梳理以上研究可以发现，目前对“农转非”的研究基本上还是从城乡二元格局、城乡分化的视角出发进行研究和分析，主要研究的是“农转非”制度的演变、“农转非”的途径、以及“农转非”群体相对于农业户口人群与出生即是城镇户口人群的在城市生活与发展中的机会结构等主题，很少从城市反哺农村、城乡融合的角度对“农转非”群体与迁出地村庄的互动行为进行研究。随着社会流动的加快，“农转非”群体“回流”或者“再进入”迁出地村庄参与村庄治理的现象越来越多。这无疑是一个尚待关注和开发的新领域。

（二）关于村庄治理的研究

1. 关于传统社会的村庄治理

对于中国传统社会的村庄治理，主流的认识是“皇权不下县”，村庄处于国家力量的直接治理之外，主要是依托村庄内部的力量来实现自治。马克斯·韦伯在《儒教与道教》一书中认为，在传统中国社会，“正式的皇权统辖只施行于都市地区和次都市地区，……出了城墙之外，统辖权威的有效性便大大地减弱，乃至消失”。② 在传统中国皇权管辖之外的广大农村地区，按照费孝通的观点，社会基本性质是“乡土社会”，“长老统治”则是基本的权力结构，长老主要靠行使教化的权力来维持乡村社会的秩序。③ 秦晖把传统中国的乡村治理特征概括为

① 郑冰岛，吴晓刚：《户口、“农转非”与中国城市居民中的收入不平等》，《社会学研究》2013 年第 1 期。

② ［德］马克斯·韦伯：《儒教与道教》，江苏人民出版社，1993 年版，第 110 页。

③ 费孝通：《乡土中国》，人民出版社，2008 年版，第 79-85 页。

“国权不下县，县下惟宗族，宗族皆自治，自治靠伦理，伦理造乡绅”。[①] 按照这个概括，在传统中国社会，县以下的整个乡村治理（自然包括村庄治理）中，主要的治理规则是伦理，主要的治理组织是宗族组织，主要的治理主体则是由伦理所“生产”的乡绅。也可以说，伦理、宗族和乡绅构成了村庄内部力量治理村庄的核心要素，而宗族和乡绅是中国传统乡村社会两大治理力量。

宗族和乡绅在中国传统乡村社会治理中的作用得到了国内外学者的广泛研究，相关的研究成果相当丰富。在宗族研究方面，美国学者W·古德发现，在皇权所不及的广大乡村地区，“宗族特有的势力却维持着乡村的安定和秩序”。[②] 英国学者弗里德曼的《中国东南的宗族组织》、王沪宁的《当代中国村落家族文化——对中国社会现代化的一项探索》、冯尔康等的《中国宗族社会》、王铭铭的《村落视野中的文化与权力》、王先明的《近代绅士》、徐扬杰的《中国家族制度史》和李文治的《中国宗族宗法制和族田义庄》等著作，[③] 都对宗族在传统中国乡村社会村庄治理中的作用和变迁进行了精彩的研究。在乡绅研究方面，张仲礼的英文著作《中国绅士——关于其在19世纪中国社会中作用的研究》和《中国绅士的收入》对传统中国乡村社会的绅士阶层进行了

① 秦晖：《传统十论——本土社会的制度文化与其变革》，复旦大学出版社，2003版，第3页。

② W·古德：《家庭》，社会科学文物出版社，1986年版，第166页。

③ 参见：［英］莫里斯·弗里德曼：《中国东南的宗族组织》，刘晓春译，上海人民出版社出版，2000年版；王沪宁：《当代中国村落家族文化》，上海人民出版社，1991年版；冯尔康等：《中国宗族社会》，浙江人民出版社，1991年版；王铭铭：《村落视野中的文化与权力》，生活·读书·新知三联书店，1997年版；王先明：《近代绅士》，天津人民出版社，1997年版；徐扬杰：《中国家族制度史》，人民出版社，1992年版；李文治：《中国宗族宗法制和族田义庄》，社会科学文献出版社，2000年版。

系统研究,① 费孝通的论文集《中国士绅：城乡关系论集》从城乡关系的视角对中国士绅进行了系统研究,② 费孝通和吴晗等的著作《皇权与绅权》则将皇权与绅权联系起来对绅士阶层进行了深入研究。③ 总体来看，尽管这些研究在研究视角上有所差异，具体的观点也存在不同，但不难发现，这些研究的一个基本共识是，在中国传统乡村社会，主导村庄层级的治理的力量主要是宗族和乡绅。

在传统村庄治理中，族老和绅士共享治理权威，但其权威来源却有所不同，族老的权威更多来自血缘关系所确定的父权及其延伸，绅士的权威背后却总有着国家力量的影子，他们是官方意识形态在地方的代表。尽管权威来源上有差异，但其权力的运作却总体是基于地方性“权力的文化网络”,④ 也即乡村社会实现自我治理的约定俗成的规则体系与运行机制。因此，族老权力和绅士权力基本上是乡村内部力量的体现，与“自上而下”的国家行政力量有明显的区别。事实上，族老和绅士的身份经常是交织的，形成了一个被学界称为“士绅”或者“乡绅”的集体。他们在地方性社区行使权力的合法性，主要源于“在家族中建立象征资本、承担博爱和其他社区任务、提供基本的社区需求、

---

① 该书作者张仲礼的英文著作《中国绅士——关于其在19世纪中国社会中作用的研究》和《中国绅士的收入》分别于1955年和1962年由美国西雅图华盛顿大学出版社出版，两本书合并的中文版《中国绅士研究》于2008年由上海人民出版社出版，译者为李荣昌、费成康先生和王寅通。

② 费孝通：《中国士绅：城乡关系论集》（英汉对照），赵旭东，秦志杰 译，外语教学与研究出版社，2011年版，

③ 吴晗：《论绅权》，载费孝通，吴晗等：《皇权与绅权》，生活·读书·新知三联书店，2013年版，第62页。

④ ［美］杜赞奇：《文化、权力与国家——1900—1942年的华北农村》，王福明译，江苏人民出版社，2003年版，第15页。

提供保护所需的庇护关系、建立社会领袖之公共身份”。① 在皇权（国家力量）占据和管控的城市周边，广大乡村地区依托村庄内部的族权和绅权实现自治，这是“皇权不下县”判断的依据，也是“皇权”无需“下县”的理由之一。②

传统社会的村庄自治传统在18世纪中叶遭遇现代化以来，受到了国家政权建设的侵蚀。中国近代国家政权建设一般认为发端于清末新政，而国家政权对乡村社会的管控则在新中国成立后的人民公社时期的“总体性社会”达到顶峰。国家政权建设对依托传统与习俗行使治理权力的宗族和乡绅产生巨大的影响，极大地削弱或异化了二者的权力来源和权力运作方式。关于国家政权建设，徐勇的“下乡”系列研究成果，对现代国家建设对乡村治理的影响有系统的研究。③

2. 关于村民自治的研究

如果说中国传统乡村社会，主要是依靠宗族和乡绅等村庄内部力量实现的村庄治理，属于传统意义上的自治。那么，20世纪80年代开始，在中国农村兴起并被全面推行的村民自治，则至少在文本意义上是现代意义上的民主自治，其主体是普通村民和通过选举产生村民委员会。

20世纪70年代末80年代初，我国农村部分地区进行的“包产到

---

① 张静：《现代公共规则与乡村社会》，上海书店出版社，2006年版，第37页。

② “皇权不下县”的另一个理由是，以农业税收为主的传统政权，难以支付“政权下乡”所需的过高的行政成本。

③ 徐勇关于国家“下乡”的系列成果包括《“政权下乡”：现代国家对乡土社会的整合》、《“政党下乡”：现代国家对乡土社会的整合》、《“行政下乡”：动员、任务与命令》、《“政策下乡”及其对乡土社会的政策整合》和《“法律下乡”：乡土社会的双重法律制度整合》等，详见徐勇：《现代国家、乡土社会与制度建构》，中国物质出版社，2009年版。

户”改革，原有人民公社“三级所有，队为基础”的“一大二公”的农业生产和社会管理体制开始松动。由于生产大队和生产小队的负责人以及农民，把大部分的精力投入承包地事务，很少有精力管理和参与村庄事务治理，村庄治理出现了某种“真空”和混乱。为应对和解决这种村庄治理上出现的混乱局面，20 世纪 80 年代初，在广西宜山、罗山等县出现了一批最早的村民委员会。这些早期的村民委员会是村民自发组织的临时性的、自治性的组织，主要的工作是禁止赌博盗窃，调解纠纷，维护灌溉水渠，筑路修桥，照顾老人穷人和军烈属，禁止乱砍滥伐和乱战耕地，集资并调遣劳动力重修校舍等。[①] 1980 年底，广西宜山果作村的做法在广西部分农村得到了推广。村委员会逐步取代了日益瓦解的生产队组织，其职能也有刚开始的维护社会治安和集体水利等事务，逐步扩大到对农村基层社会政治经济生活中诸多事务的村民自我管理。[②] 广西经验得到了时任全国人大常委会委员长彭真的重视。在彭真的努力下，1982 年全国人大出台的新宪法明确把村委会界定为基层群众性自治组织。1983 年 10 月，中共中央下发了《关于实行政社分开建立乡政府的通知》，要求按照村民居住状况设立村民委员会。在该通知的推动下，到 1984 年底，全国 70 多万个生产大队已经被 95 万个村委会所替代。1987 年 11 月 24 日，第六届全国人大常委会 23 次会议正式通过了《村民委员会组织法（试行）》，村民委员会作为村民自治的组织形式在法律上的地位正式得以确认。1988 年 6 月，全国各地正式开始试行《村民委员会组织法》，村民自治在全国范围内全面推行。一种全新的依托村民和村民选举的村庄治理模式在国家力量的推动下，成为

---

① 应星：《农户、集体与国家——国家与农民关系的六十年变迁》，中国社会科学出版社，2014 年版，第 67 页。

② 肖立辉：《中国基层民主创新研究》，人民出版社，2009 年版，第 28 页。

一种普遍的治理实践。

村民自治从发端之初，就由于其具有的现代民主意蕴，得到了国内外学者的广泛关注。早期的村民自治研究主要关注村民自治制度及其价值和村委会选举这一新兴基层民主形式。代表性的成果有张安厚等的《中国农村村级治理：22 个村的调查与比较》、徐勇的《中国农村村民自治》、贺雪峰的《村民自治的功能及其合理性》、仝志辉《选举事件与村庄治理》等，① 这类早期以“华中乡土派”为主体进行的村民自治研究，受到了以沈延生和应星等学者的批评，② 从而在对话与反思中促进了村民自治研究转向了乡村治理研究。③ 随后，村民治理研究在某种程度上进入消沉阶段，对于此段公共学术史，学界已有不少专题性的研究成果，④ 在此不再赘述。值得注意的是，在村民自治消沉了较长一段时间后，最近又出现了以“探索不同情况下村民自治的有效实现形式”为主题的村民自治单位下沉和形式创新研究新动向。以徐勇为代表的学

① 张厚安等：《中国农村村级治理：22 个村的调查与比较》，华中师范大学出版社，2000 年版；徐勇：《中国农村村民自治》，华中师范大学出版社，1997 年版；贺雪峰：《村民自治的功能及其合理性》，《社会主义研究》1999 年第 6 期；仝志辉：《选举事件与村庄治理》，中国社会科学出版社，2004 年版。

② 沈延生和应星对村民治理研究，尤其是华中乡土派早期村民自治研究的批评详见：沈延生的论文《对村民自治的期望与批评》（徐勇等著：《中国农村研究：2002 年卷》，中国社会科学出版社，2003 年版，第 175-176 页）和应星的论文《评村民自治研究的新取向——以〈选举事件与村庄政治〉为例》（《社会学研究》2005 年第 1 期）。

③ 对于来自学界的批评，华中乡土派学者发表了几篇回应论文，如：吴毅、贺雪峰、罗兴佐、董磊明、吴理财集体写作的《村治研究的路径与主体——兼答应星先生的批评》（《开放时代》2005 年第 4 期）、仝志辉的论文《乡村政治研究诸问题——对应星批评的回应和进一步思考》（《社会学研究》2005 年第 3 期）。

④ 对此段公共学术史的研究详见吴毅和李德瑞的论文《二十年农村政治研究的演进与转向——兼论一段公共学术运动的兴起与终结》（《开放时代》2007 年第 2 期）和吕德文的论文《村治研究的传统与现状——二十多年来的华中地区村治研究》（《华中科技大学学报（社会科学版）》2006 年第 4 期）。

者主张通过推动村民自治单位下沉到自然村并创新村民自治的内部机制来重新“找回自治”，探索“不同情况下村民自治的有效实现形式”。①

总体来看，以传统习俗为权威来源，以宗族和乡绅为主体的传统村庄治理形式，和以村民自治制度为权威来源，以村民和村委会为主体的现代村庄治理形式，在当前的村庄治理的现实中都不同程度的存在。贺雪峰的“半熟人社会”概念②和肖唐镖对村庄治理中宗族影响的研究③，都表明熟人关系和宗族在当前村庄治理中仍然发挥着作用，由各种村庄精英所扮演的“新乡贤”也活跃在村庄治理场域。同时，村民自治这一有着现代民主意蕴的村庄治理形式，在实践中也遭遇了不少的困境，与制度设计的初衷相去甚远。

（三）关于村庄治理中的“农转非”群体的研究

尽管“农转非”意味着个体的户籍由农村户口转变为城镇户口，甚至意味着个体实现由“农村”到“城镇”的地域迁移，以及社会身份由“农民”转变为“非农民”。但这并不意味着“农转非”群体与迁出地村庄关系的断裂，相反，大量的研究表明，“农转非”群体与迁出地村庄仍然保持着某种联系，在村庄治理的场域中是“在场”的，

① 徐勇团队有关“探索不同情况下村民自治的有效实现形式”研究的代表性成果是在《华中师范大学学报（哲学社会科学版）》2014年第4期发表的《找回自治：对村民自治有效实现形式的探索》、《利益相关：村民自治有效实现形式的产权基础》、《地域相近：村民自治有效实现形式的空间基础》和《文化相连：村民自治有效实现形式的文化基础》4篇论文。

② 参见贺雪峰《论半熟人社会——理解村委会选举的一个视角》（《政治学研究》2000年第3期）和《半熟人社会》（《开放时代》2002年第1期）。

③ 肖唐镖是宗族与村庄治理关系研究的重要代表，其主要研究成果有：《村治过程中的宗族——对赣、皖10个村治理状况的一项综合分析》（福建师范大学学报（哲学社会科学版）2003年第5期）、《宗族在重建抑或瓦解——当前中国乡村地区的宗族重建状况分析》（《华中师范大学学报（哲学社会科学版）2011年第2期》）等。

甚至在有些地方的农村成为重要的治理力量。

1. 人口流动视角的“农转非”群体与迁出地村庄的关系

从人口流动和人口迁移的视角，学者们论及了“农转非”群体与迁出地村庄的关系。有学者按照迁入者的户口是否在迁入地，将迁入人口分为户口迁入和非户口迁入两大类，把前者称为永久性迁移人口，后者称为暂时性迁入人口。① 显然，“永久性迁移人口”这一概念隐喻着户口迁入类的“农转非”群体与迁出地村庄关系的完全脱离。徐勇和徐增阳对农村人口流动与农村人口迁移进行了区分，认为“农村人口迁移已经完全脱离原住地，与原住地不再构成经济、政治、社会联系，原住地对他们来说，只是一种文化上的联系，是一种对过去的记忆；农村人口流动则是指农村人口从原住的乡村向外流动，他们可能完全脱离原住地的乡村，成为迁移者，但也可能再回去”。② 显然，在此，农村迁移人口与“农转非”群体有很大的交叉性。徐勇和徐增阳对农村迁移人口的界定，一方面强调迁移人口“完全脱离原住地”，另一方面又承认迁移人口与原住地仍然保持着“文化联系”，这看似矛盾的表述，却道出了中国文化背景下，“农转非”群体作为“农村迁移人口”与原住地之间难以割断的联系。贺雪峰把快速城市化与大量农民进城背景下农业地区的农户分为四种农户：进城户、半工半耕户、中农（对“中坚农民”的简称）、老弱病残户。其中，进城户主要指通过考大学或务工经商赚了钱，有稳定就业与收入来源，可以在城市买房安居的进城“农户”。贺雪峰认为，进城户进城后，一般很少再与村庄发生日常联

① 朱农：《中国劳动力流动与“三农”问题》，武汉大学出版社，2004年版，第98页。

② 徐勇，徐增阳：《流动中的乡村治理——对农民流动的政治社会学分析》，中国社会科学出版社，2003年版，导论第3页。

系。但因为他们是从村庄走出去的，且与村庄存在密切的社会联系，进城农民与村庄之间仍然存在联系，所以也可以算作村庄社会结构的组成部分。① 虽然进城户的识别标准是是否在城市买房，但显然其中很大一部分是“农转非”群体，因此，尽管贺雪峰并没有用“农转非”群体的概念，但是，他的论述却显然强调了“农转非”群体与村庄仍然保持着一定的社会关联，并构成村庄社会结构的组成部分。

2. “农转非”群体与村庄治理的关系

尽管“农转非”群体的户口已经从村庄迁出，不再是农业户口，但在迁出地村庄的治理实践中，却仍然可以看到这一群体的身影。当然，由于研究重点或侧重点的差异，学者们并没有用“农转非”群体的概念，但他们的研究显然涉及到了“农转非”群体。

罗兴佐在江西龙村的调查中发现，那些通过参军或升学从村庄走出去的国家工作人员（也即本书所研究的“农转非”群体中的一部分），既能争取到村外资源，又能整合村庄人的利益诉求，他们对村庄事务的关心、促动和资助，可促成农村公益事业的开展，因此，他把这部分人及其所发挥的作用称之为村庄治理中的“第三种力量”。② 贺雪峰在安徽徽州宅坦村调查时发现，在该村村治中活跃着一群热心公益的“积极分子”，其中就有数十名“在外面退休回村居住的老年人”。他还用村庄“社会报酬”的概念来解释了这群人积极主持村庄公益事业的行

① 贺雪峰：《农村社会结构已发生重要变化》，《北京日报》，2015年10月26日第18版。

② 罗兴佐认为，国家力量称之为村庄治理中的“第一种力量”，源于村庄内的力量可称之为村庄治理的“第二种力量”，而从村庄走出去的国家工作人员，既能争取到村外资源，又能整合村庄人的利益诉求，他们对村庄事务的关心、促动和资助，可促成了农村公益事业的开展，因此，可称之为村庄治理中的“第三种力量”。参见罗兴佐：《论村庄治理资源——江西龙村村治过程分析》，《中国农村观察》2004年第3期。

动逻辑：“他们有钱有闲，又希望让生活充实而有意义。”① 张世勇在贺雪峰的基础上，进一步深化了对村庄治理中的“积极分子”的研究。在张世勇看来，“积极分子”是在一定的村庄社会生活场域中，那些与市场逻辑和理性个人的行动逻辑相悖而行，在一定的个人能力和社会资本的基础上，不在乎个人短期的利益得失，采取一种积极主义的态度参与村庄的公共活动，动员村庄的社会资源，对村庄的公共利益和公共品提供做出贡献的村庄精英。他们可能是村干部，也可能是在城市工作退休后回村居住的退休人员或在当地任教多年退休后的老教师。② 贺雪峰和张世勇的研究都表明，“积极分子”在村庄公益事业和公共产品供给中发挥了积极的作用。显然，这些“积极分子”中的“在外面退休回村居住的老年人”或者“在城市工作退休后回村居住的退休人员，在当地任教多年退休后的老教师”属于本书研究的“农转非”群体，只不过是已经退休回村的“农转非”人员。郑一平研究发现，村级“强人”是影响村级治理的重要因素。所谓“村级”强人包括了居住在村内，因财产、权势或其他能力突出，因而在村内具有影响力和号召力的人。这些人可能并未参与村级干部班子，但他们仍然可以凭借自身的影响力与号召力影响着村级治理。这些村级“强人”既有专业户、包工头，也包括了“在外参加工作的人员”。③ 显然，“在外参加工作的人”主要是指“农转非”人员。在各类村庄治理的实证性研究中，以各种名称出现的“农转非”群体，在村庄治理中发挥着作用的现象是很多

---

① 贺雪峰：《村治模式：若干案例研究》，山东人民出版社，2009 年版，第 109 页。

② 张世勇：《积极分子动员下的村庄公共品供给》，华中师范大学硕士学位论文，2007 年，第 9 页。

③ 郑一平：《影响村级治理的主要因素分析——江西省桥下村调查》，中国农村经济，1997（9）。

的。上述列举的只是几个代表性的研究。

事实上，费孝通认为，在传统中国社会，落叶归根的传统为乡土社会保持着人才。那些从农村走出的人，哪怕飞黄腾达，也不会忘记故土，至少在年老的时候，他们会回到乡土，利用他们自己在外面获得的声望和有利条件为家乡谋福利。① 这意味着，在中国的传统文化理念中，无论是对于暂时性的流动人口，还是户口迁出村庄的“农转非”群体，家乡都具有特别的文化意义。他们与家乡的联系不会因为空间性的距离或者政策性的户口而断然割裂，至少在年老的时候“还乡”，为家乡“谋福利”是大多数村庄“外出的人”的一种“文化期待”。

通过对既有文献的简单回顾，不难发现，在中国特有的户籍管理制度下产生的“农转非”群体尽管户口已经迁出村庄，但与村庄仍然存在千丝万缕的联系，并且在村庄治理的实践中这个群体也在发挥着一定作用。遗憾的是，目前学界尚无研究对“农转非”群体参与村庄治理这一现象进行专题性研究。本书则意欲对此进行专题研究，以丰富对“农转非”群体与村庄治理关系的理解。

三、基本概念界定

（一）“农转非”群体

“农转非”，是中国户籍制度管理中的一个专用名词，意指公民的户籍管理类别由农村户籍转为城镇户籍。② “农转非”群体，是指实现

① 费孝通：《中国士绅：城乡关系论集》（英汉对照），赵旭东，秦志杰 译，外语教学与研究出版社，2011 年版，第 115-171 页。

② 郭虹：《“农转非”与中国的户籍制度改革》，《经济体制改革》2004 年第 4 期。

了从农村户口到非农户口转换的人群。某村庄的“农转非”群体，则是指出生于该村庄，原为农村户口，后转为非农户口的人群。

在我国现行的户籍制度下，公民获得“农转非”身份，意味着其由农村户口转变为城镇户口，相应地，其也不再享有村集体土地承包经营权、农村宅基地使用权、集体收益分配权等村集体农业人口才享有的权利，而是按照城镇居民身份享有城镇居民权利。

（二）村庄治理

“村庄治理”概念由“村庄”和“治理”两个子概念合成。“村庄”是个多义词，主要有三种含义：指“自然村”，即人们聚居的自然村落；指“行政村”，即按一定的区域划分设置行政机构而形成的村政单位；指“村民委员会”，即在村民自治体系中，一个村民委员会所辖区域、人口和组织等。① 在本书中，“村庄”指的是“行政村”。所谓治理，是指在一个既定的范围内运用权威维持秩序，满足公众的需要，其目的是在各种不同的制度关系中运用权力去引导、控制和规范公民的各种活动，以最大限度地增进公共利益。②

综上，在本书中，“村庄治理”是指，在村庄范围内，各种公共组织、社会组织和个人，运用自身权威，维持村庄秩序，满足村民公共需求，增进村庄公共利益的活动过程。

（三）文化性村民

文化性村民，是一个与法律性村民相对应的一个概念，指户籍不在

① 卢福营：《个私业主主政的村庄治理》，华中师范大学博士学位论文，2006年，第20页。

② 俞可平：《治理和善治引论》，《马克思主义与现实》，1999年第5期。

村庄，但在文化认同上仍属于村庄成员的人。文化性村民一般曾经拥有村庄户籍，在村庄有较长的生活经验，对村庄有较强的文化认同，并积极关注和参与村庄公共事务。在本书中，文化性村民主要指积极关注和参与村庄治理的村庄“农转非”人员。因此，非村庄户籍和对村庄有文化认同是分析文化性村民身份的两个基本构成要素（表 1.1）。

表 1.1　文化性村民身份的构成要素

	村庄户籍	非村庄户籍
强村庄文化认同	关心村庄的法律性村民	文化性村民 （关心村庄的村庄“农转非”群体）
弱村庄文化认同	不关心村庄的法律性村民	外村人

四、研究思路与篇章安排

（一）研究思路

本书是一项兼具描述性和解释性的个案研究，尝试通过以湘中胜村为个案，描述“农转非”群体参与村庄治理的行动实践，并从理论上对这一现象予以解释。具体的研究思路是：首先从制度和经验两个层面分析中国户籍制度下农民通过“农转非”摆脱农民身份的制度壁垒和制度空间，接着分析“农转非”成员在摆脱了农民身份后与村庄间仍然存在的各种关联，再通过胜村的案例来描述和分析“农转非”群体参与村庄治理的实践行动，最后，对“农转非”群体参与村庄治理的行动逻辑进行理论解释与总结。

（二）篇章安排

在篇章安排上，本书共分九章。

第一章为绪论，主要介绍本书的问题意识、进行文献综述、介绍文章的研究思路与篇章安排、交代文章的研究方法与资料来源，并概述个案的基本情况。

第二章主要从理论和经验两个层面分析农民通过“农转非”摆脱农民身份的制度壁垒和制度空间。本章主要回答一个问题，也即“农转非”群体是在怎样的制度背景下产生的，并如何产生的？

第三章主要用论述和案例相结合的方式从文化表达、村庄记忆和亲缘纽带，以及“农转非”人员的个体选择四个方面分析“农转非”群体实现“农转非”后与村庄间存在的关联。本章主要回答一个问题，也即“农转非”群体在户口迁出村庄后，与村庄还存在哪些关联？

第四、五、六、七章主要描述和分析胜村“农转非”群体参与村庄治理的行动实践。这四章分别对胜村“农转非”群体参与村庄筑路修桥、组织农民春节联欢会、成立爱心互助会和发起古桥保护运动这四个案例进行描述和分析。之所以选择这四个案例，是因为这四个案例是胜村“农转非”群体参与村庄治理较为典型的案例，集中反映了“农转非”群体参与村庄治理的特征。这四章主要分析“摆脱农民身份”的“农转非”群体如何以各种形式参与村庄治理，以及这些参与实践发生在怎样的社会背景之下。

第八章为理论解释，主要从行动动力、行动背景和行动影响三个方面，对“农转非”群体参与村庄治理现象进行理论解释和分析。

最后是结论，在对全文观点进行总结的基础上，简要探讨“农转非”群体参与村庄治理的限度，以及如何通过村庄治理的体制改革和机制设计层面引导“农转非”群体更好地参与村庄治理。

五、研究方法与资料来源

（一）研究方法

1. 文献研究法

文献研究法是社会科学研究的基本方法，其要旨在于系统地收集与研究主题相关的定性和定量文献，并对其进行系统的分析，使研究建立在前人研究成果和客观文献素材的基础上。本书不仅对与研究主题相关的既有理论文献进行了系统的收集和分析，还通过查阅和走访，收集了大量与研究个案相关的档案文献、碑刻资料和私人收藏文献，并对其进行整理和分析。

2. 个案研究法

本书选择以湘中胜村为个案来探讨“‘农转非’群体参与村庄治理”这一研究主题。通过深度访谈、调查表、参与式观察等具体调查方法描述和分析“胜村人”的“农转非”经验、胜村“农转非”群体与村庄的关联、胜村“农转非”群体参与村庄的行动实践及其影响。尽管个案研究由于代表性问题而饱受争议，但是在大样本统计数据缺乏的现实下，采用个案研究来研究“农转非”群体参与村庄治理新研究主题，既更具操作性，也能更深入地反映“农转非”群体参与村庄治理这一现象的复杂性。因此，只要把握好研究结论的适用性，不做过分的推论，个案研究法对本研究主题而言还是较为合适的。

（二）资料来源

作为一项兼具描述性与解释性的案例研究，本书的研究资料主要有两个来源：

一是文献材料。包括理论文献、与户籍管理制度相关的法规文献、地方性档案文献。理论文献和与户籍管理制度相关的法规文献主要来源于相关书籍、“中国知网数据库”和网络电子文献，地方性档案文献主要包括笔者在S县档案、Z镇档案室、胜村村部和村干部家里查阅的档案文献，还包括了笔者收集到的部分个人收藏文献和田间地头的碑刻文献。

二是访谈材料。2015年4月至2016年2月期间，笔者先后12次到胜村进行实地调研（每次时长5~10天不等，共计约90天），对村干部（包括在任的和离任的）、村民（主要是熟悉胜村历史的中老年人）、“农转非”人员（几乎包括了个案论述提及的所有有名有姓的“农转非”人员）等进行了大量访谈，这些访谈资料构成了本书个案描述的主要资料来源。

六、个案概况

在湖南省中部的娄底市有个县名叫S县①。S县位于湘中腹地，处于东经111度51分43秒至112度31分7秒，北纬27度12分31秒至7度45分51秒之间，东临湘潭、衡山，南接衡阳，西毗邵东、涟源，北

① 按照学术惯例，本书对相关地名和人名进行了技术处理（“S”县以上地名和知名历史人物姓名除外），附录中的原始文档中也进行了相应技术处理。

界娄底、湘乡。东西长 61 千米，南北宽 59. 2 千米，总面积 1715 平方千米。该县境域地貌形态呈四周山丘崛起、中部岗平相间的立体轮廓，地貌类型呈山地连片、岗丘交错、平地绵展的组合。①

Z 镇位于 S 县东部，西与 S 县城毗邻，东与湘乡市交界。现辖 65 个行政村、3 个居委会，652 个村民小组，总面积 132. 6 平方千米，总人口 61 872 人。共有耕地 2 730 公顷，其中水田 2 205 公顷。该镇交通十分便利。镇政府所在地相距县城仅 6 千米。320 国道纵贯全镇，并有三条县道及蛛网般密布的乡、村道与国道相连。测水河从镇中部从西绵延向北，在邻镇湘江支流涟水相汇，水路交通可通航到湘潭。测水河岸有广阔的冲积平原，地势平缓，土壤深厚肥沃，是全县农业的黄金宝地。东南部中低山起伏、树木葱茏，是全县竹木主产地之一。地下矿藏资源丰富，探明储量的有石膏、煤炭、黄金等，其中石膏储量达亿吨，黄金储量 10 余万两，是 S 县的工业重镇之一，境内有县属工业企业 9 家。②

在 Z 镇镇政府西部约 4 千米处，在镇内三大县道之一的 DZ 路北侧，有一个行政村，笔者称为“胜村”。胜村全村人口 1 186 人，户数 232 户。③ 水田 860 亩④，旱地 320 亩，水塘 26 亩，林地（其中生态林 558 亩，竹林 300 亩）。从地理分布来看，胜村总体呈一个东西走向的长条状。在村庄的最南部是一条东西走向的名为“蓝家河”的小河。此河为测水支流。在村庄的最北部是延绵的小山丘群，主要为油茶树林、茶场、杉木林和竹林。在小山丘群的南面有一条水泥硬化主村道，

① 湖南省 S 县地方志编纂委员会编：《S 县志》，中国文史出版社 1993 年版。

② 湖南省 S 县地方志编纂委员会编：《S 县志》，中国文史出版社 1993 年版。

③ 此数据来源于《2014 年 Z 镇地方志基本情况采集表》。

④ 亩为非法定计量单位，1 亩≈666. 67 平方千米。

村民住房主要分布在主村道的两侧，形成一条约 2 千米的住房带。在住房带和“蓝家河”之间，也即“蓝家河”的北岸，是胜村最主要的耕地带。“蓝家河”千百年来灌溉着这片农田，被视为胜村的“母亲河”。在人民公社时期，胜村为一个生产大队，有 13 个生产队，人民公社解体后，胜村成为一个行政村，13 个生产队也转变为 13 个村民小组，而村民小组的名称基本沿袭了之前生产队的名称。

从姓氏来看，彭姓、王姓是胜村最主要的两大姓氏，其中彭姓约占总户数的60%，王姓约占总户数的20%，宋、向、邓、张、唐等小姓占总户数的20%。彭姓在胜村是占主导地位的姓氏，不仅所占总户数比例大，而且几乎所有的彭姓都属于一个“大村”彭氏。王姓尽管占总户数比例也不低，但分属多个派支，其中“湾头”王氏人数最多，约占 10%。

从交通来看，胜村的交通地理位置比较优越。由于紧挨县道，而县道又与 320 国道和潭邵高速相连，故胜村到镇政府只有约 10 分钟车程、到县城只有约 25 分钟车程，就算是到市里也只有约 40 分钟车程。在村庄东部有 207 乡道经过，在村庄西部还有另一条乡道经过。同时，村内公路硬化率相当高，截至 2015 年底，已经达到了 90%以上，只有一个村民小组没有硬化到户。

从经济状况来看，胜村经济发展水平一般，在 Z 镇属于中等水平。胜村的农业主要是种植业和养殖业。种植的农作物主要是水稻、玉米和大豆。此外还有一个约 100 亩的红提种植基地、约 80 亩的改良型油茶林和约 200 亩的老油茶林。养殖业主要是养猪业，在 90 年代胜村是 S 县著名的生猪养殖村，每家每户都养有近 10 头瘦肉型良种猪。进入 20 世纪后，家庭养猪业被养猪场取代。目前胜村有一个养猪专业合作社，是全省十大养猪专业合作社之一，年养猪能力超过 1 万头。2015 年，胜村通过山地流转，引进了一个养羊和养鸡项目，但尚在建设当中。当然，像大多数中部地区农村一样，农业并非农民的主要收入来源。大部分胜村农民的经济收入主要来自外出务工和经商。80、90 年代的务工的去向主要在珠三角地带，现在则以珠三角地区和省会长沙居多。胜村外出经商的也较多，在 80、90 年代主要是行商“小五金”，在 20 世纪以后则主要是在城镇开小卖部、超市和五金杂货店。

胜村还有一个特点就是“尚武崇文”，因此通过参军和升学实现“农转非”的人较多。胜村在清朝时属于湘乡府“中里”。湘乡府“中里”是曾国藩招募湘军的主要地区。胜村在晚清时期有大量的人参加了湘军，因此培养了胜村人“尚武”的传统。建国后，胜村有近百人参军入伍，其中有 11 人通过参军转业实现了农转非。胜村人也有“崇文”的传统，重视教育，新中国成立以来出了大学生近百人，其中博士 4 名，硕士 30 多人，以致胜村村干部把村庄命名为“博士之乡”。村口的牌坊上用朱红油漆书写的“欢迎来到××新村——博士之乡”特别耀眼。

第二章　摆脱农民身份：制度壁垒与制度空间

农业问题、农村问题和农民问题（简称“三农”问题），也许是当今中国最受关注的问题之一。“三农”问题之所以以“问题”的形式出现在中国现代化进程中，显然是在农业-工业、农村-城市、农民-市民的二元对立中彰显出来的，前三者往往被视为“落后”和“传统”的象征，后三者往往被视为“先进”和“现代化”的象征，是前三者的“发展前途”。这种对“农”在观念、意识、言说、价值取向和政策取向的歧视，有学者称之为“贱农”主义。① 不管这种“主义”在理论上是否成立，在现实中确是普遍存在的。以户籍管理制度为主要支撑的城乡二元体制是这一现象最典型的体制性表现。“摆脱农民身份”，进而“逃离农业职业”，“跳出农村”，也许是大多数个体农民现实的理性选择和生活追求。在严格的户籍管理制度设立的制度壁垒面前，个体农民的理性选择并非那么自由，总是在户籍管理制度所创设的制度空间内选择。不同的个体农民拥有不同的资源和能力禀赋，面临着不同的机会结构。对于农民而言，只有在体制内实现的选择，也即“农转非”，才

① 张玉林：《流动与瓦解：中国农村的演变及其动力》，中国社会科学出版社，2012 版，第 103-104 页。

是真正的“摆脱农民身份”。尽管改革后人口流动政策逐步放开，但体制外流动的农民，就算是进城了，仍然是“农民工”，仍然处于“贱农”主义所指称的“歧视”之下。

一、户籍制度：城乡流动的制度壁垒

中国户籍制度是以户口登记与管理为基础而建立起来的一套社会管理制度，包括常规人口登记和上报制度、居民户口或身份登记及管理制度，以及与户口相关的就业、教育、保障和迁徙等方面的社会经济管理制度。① 中国户籍制度，把人口分为“城镇户口”和“农村户口”，并以这种分野为基础，配套了差异化的就业、教育、社会保障等政策。因此，它不仅仅是一种户口登记与管理制度，还是人口流动控制和福利分配制度，是城乡人口迁移与流动绕不开的制度壁垒。

（一）与计划经济相配套的户籍管理制度的建立

我国户籍管理制度发端于解放初期解放军在接管城市后实施的军事管理制度。解放军在接管城市后，为维护社会治安，清查和肃清隐藏的各类敌对分子，军管会所属的民政部门首先动员城市的失业人员回原籍农村参加生产，接着着手登记和清理城市户口。② 1949 年 1 月 31 日，北平和平解放，同年 12 月北京市公安局制定了户口登记规则，进行户口查对和人口清查。1949 年 5 月，上海解放，同年 9 月上海市出台《上海市户籍校正办法》和《上海市户口异动登记暂行规则》，对人口

① 陆益龙：《超越户口：解读中国户籍制度》，中国社会科学出版社，2004 年版，第 1 页。

② 严士清：《新中国户籍制度演变历程与改革路径研究》，华东师范大学博士学位论文，2012 年，第 26 页。

进行清查并登记城市户口。

建国后，中央人民政府在城市军管户口登记管理经验的基础上，探索建立城市户口管理制度。1950 年 8 月，公安部制定了《关于特种人口管理的暂行办法》，把对反革命分子或可疑分子等特种人口管理放在了突出的位置上，以便“搞好社会治安，保障人民安全”。1951 年 7 月 16 日，公安部正式颁布实施《城市户口管理暂行条例》。该《条例》明确了城市户口管理的目的是“维护社会治安，保障人民之安全及居住、迁徙之自由”，明确了户口管理机关为公安机关，并规定“户口变动时，户主须按规定办理手续”。《关于特种人口管理的暂行办法》和《城市户口管理暂行条例》奠定了中国户籍制度的基础，也标志着我国城市户口管理制度初步建立。从这两个法规来看，我国城市户口管理最初的主要功能是维持城市治安和进行人口登记。

在城市建立户口管理制度的同时，农村户口管理制度的建立也被提上日程。农村户口管理制度的探索可追溯到农村土地改革时进行的“三查”工作（查土地、查户口、查收入）。1950 年 6 月，《中华人民共和国土地改革法》公布施行，《土地法》规定，废除地主土地所有制，实行农民土地所有制。土地改革运动不仅清查了农村土地，也清查了农村人口，使新政权对农村人口有了初步的掌握。为了做好第一届全国人民代表大会和地方人民代表大会选举的准备工作，1953 年 4 月政务院发布了《为准备普选进行全国人口调查登记的指示》，要求“在选民登记的同时进行全国人口调查登记工作”。同时，政务院还制定了《全国人口调查登记办法》，把常住人口登记法作为人口调查方法。在这次人口普查的推动下，农村简易户口登记制度得以建立。1954 年 12 月，内务部、公安部、国家统计局联合发出通知，要求普遍建立农村的户口登记制度，以加强人口的统计工作，并规定农村户口登记由内务部主管，城镇、水上、工矿区、边防要塞区等户口登记由公安部主管，人口统计资料的汇总业务由国家统计局负责。1955 年 6 月，国务院发出了《建立经常户口登记制度的指示》，把解决农村的户口登记管理问题作为工作重点。1956 年 11 月，国务院发出《关于农村户口登记、统计工作和国籍工作移归公安部门接办的通知》，要求内务部和各级民政部门将掌管的农村户口登记管理工作及人口资料的统计汇总业务，以及有关国籍问题的处理工作全部移交给公安部及其各级部门。由此，农村户口管理的机关得以明确，农村户口管理制度也基本确立。

在城市户口管理制度和农村户口管理制度的基础上，1958 年，公安部制定了《中华人民共和国户口登记条例》，对户口登记、公民迁移等事项做了系统规定，它是第一部全国性的户口登记管理制度，也是中国现行户籍制度的重要依据。该《条例》的出台标志着全国性户籍制的建立。

20 世纪 80 年代，中国启动了市场导向的经济体制改革，相应的户籍制度也进行了一些改革，逐步放开了“农转非”以外的人口流动政策，“民工潮”出现。但总体而言，户籍制度改革进展滞后，甚至有学者直言，户籍制度是计划经济体制时代最顽强的遗留物。

1985 年，《公安部关于城镇暂住人口管理的暂行规定》正式出台，对流入城镇的暂住人口管理做出了详细规定，各省市也以此为依据制定了地方性《暂住人口管理条例》。1999 年公安部颁布了《中华人民共和国居民身份证条例实施细则》，进而 2003 年 6 月 28 日中华人民共和国主席令第四号公布《中华人民共和国居民身份证法》，并于 2004 年 1 月 1 日正式实施。这一系列法律法规构成了现行中国户籍制度的基本法律框架。

（二）户籍制度的功能拓展与城乡分割二元体制的建立

户籍制度，从最初意义上说，是指一套登记人口基本信息，以确认公民身份、掌握人口统计数据，为国家社会管理提供重要依据的管理规则。[①] 在新中国户籍制度建立初期，户籍制度最主要的功能是人口登记和社会治安管理，而对人口迁移方面的限制十分宽松。[②]

新中国成立后，中国政府开始全面实施计划经济体制，并采取了重工业优先发展的赶超战略。户籍制度是与该战略相配套的社会经济管理制度，通过在城乡之间实行严格的迁徙和流动限制，以支持工业化发展、稳定城市秩序、保障城市供给、控制城市规模。[③] 在经济基础非常贫弱的当时，重工业优先发展的赶超战略要求国家提取农业剩余以支持重工业的发展。农业剩余的转移主要是通过工农业产品“剪刀差”和农产品的统购统销来实现的。为了实现农业剩余的顺利转移，就在农村地区推行农业合作化，其最高形式就是人民公社，以更好地将农民组织起来，减少农业剩余转移的成本。同时，在重工业优先发展赶超战略下，国家采取的是低工资、低物价的政策，为了防止农民进城增加政府低物价政策的负担以及对城市建设的投资，就有必要逐步探索建立城乡分割的户籍制度，将广大农民束缚在农业和农村。[④]

城乡分割的户籍制度的基础是对农业人口和非农业人口的区分，并

---

① 盛运来：《流动还是迁移：中国农村劳动力流动过程的经济学分析》，上海远东出版社，2008 年版，第 165 页。

② 王文录：《人口城镇化背景下的户籍制度变迁研究》，吉林大学博士学位论文，2010 年，第 33 页。

③ 蔡昉，林毅夫：《中国经济》，中国财政经济出版社，2003 年版，第 50-51 页。

④ 宋嘉革：《中国户籍制度改革与农村人口城市化转移》，东北财经大学博士学位论文，2006 年，第 46 页。

将户籍制度与社会福利制度挂钩。正是在重工业优先发展的战略下，户籍制度的功能逐步由登记管理拓展到控制城乡人口流动，特别是对农村人口向城市流动的控制。1953 年，中国政府颁布了《全国人口调查登记办法》《中共中央关于粮食统购统销的决议》，随后 1954 年又颁布了《内政部、公安部和国家统计局联合通告》等法律法规与政策，这标志着户籍制度开始与社会福利制度挂钩。1955 年《市镇粮食供应暂行办法》出台，把户口和粮食供应相挂钩，进一步使农业人口和非农业人口不再仅仅是人口统计学上的区别，而是享受不同社会福利的依据。①

从上文可以看出，户籍制度城乡分割的功能主要体现在三个方面：一是区分农业人口与非农业人口；二是把户籍和社会福利挂钩，非农业人口与农业人口享有不同的社会福利待遇，户籍制度使城市户口居民和农村户口居民，在粮油供应待遇、住房福利待遇、社会保障待遇、就业待遇、受教育待遇等社会福利待遇上具有明显的差异②；三是严格限制农业人口向非农业人口的转变，从而限制农村人口向城市的迁移与流动，农业户口居民只有通过考取大中专学校、招工、参军、投亲等有限的方式，转变自己的户口，才能实现从农村向城市的迁移。事实上，正是户籍制度和统购统销制度、人民公社制度、城市劳动就业和社会福利保障制度等配套结合，长期维持着城乡二元社会结构的存在和发展。③

随着 20 世纪 80 年代以市场为导向的经济体制改革的推进，中国逐步由计划经济体制向社会主义市场经济体制转型，户籍制度改革也在逐步推进。农民逐步获得了自由流动的权利，农民实现户口迁移也增加了

---

① 法律出版社大众出版委员会：《中国户口、人口与计划生育政策与法律实务应用工具箱（第二版）》，法律出版社，2013 年版，第 1 页。

② 王文录：《人口城镇化背景下的户籍制度变迁研究》，吉林大学博士学位论文，2010 年，第 67-72 页。

③ 刘应杰：《中国城乡关系演变的历史分析》，《当代中国史研究》1996 年第 2 期。

购买“农专非”指标、投资落户、购房落户、城郊被征地村庄集体“农转非”等途径。但总体而言，户籍制度改革仍然滞后，仍然具有很强的“贱农”主义特征，具有农业户口的居民与具有城镇户口的居民在社会福利分配上仍然不平等，且“农转非”仍然处于政府的严格控制之中。

二、“农转非”：国家创设的制度空间

尽管国家建立了严格的户籍管理制度，控制城乡间居民的流动，以支持国家重工业优先发展战略，但出于人才选拔、政策照顾、资金筹集、土地征用等的需要，户籍管理制度仍开辟有农村人口向城镇人口转变的通道，也即“农转非”制度。“农转非”制度为持有农业户口的农民转变自己的户口身份提供了制度空间。有关“农转非”的系统性政策表述首见 1977 年国务院批准的《公安部关于处理户口迁移的规定》。该《规定》明确规定，“凡要求从农村迁往市、镇，由农业人口转为非农业人口，从镇迁往市，从小市迁往大市的，以及从一般农村迁往国营农场和部队的，都必须向迁入地派出所（或公社）申请，经派出所（或公社）查实有关情况，一律报迁入地的市、县公安局审批”。①但事实上，一方面在该《规定》之前“农转非”作为一种改变公民户口性质的行政行为的政府户口登记管理的具体实践早已出现，另一方面，在该《规定》出台不久，中国启动了市场导向的经济体制改革，“农转

① 该《条例》不仅规定了“农转非”须经申请和审批，还详细规定了农转非的几种途径：“新招职工凭市、县劳动部门的录用证明；干部、工人调动凭组织、人事、劳动部门的调动证明；大、专院校学生凭教育部门的录取证明；复员、退伍、转业军人，凭复退、转业军人安置办公室的证明；其他人员凭公安机关的准予迁入证明申报户口。”参见《国务院批转公安部关于处理户口迁移的规定的通知》，1977 年 11 月 1 日。

非”的制度性途径也超出了《规定》规定的范围。因此，本书下面以改革前后为两个时间段，分析国家以法律法规和政策等形式创设的“农转非”制度空间。

（一）改革前的“农转非”制度空间

改革前，也即计划经济时代，国家在实行严格的户籍控制政策的前提下，出于计划经济体制运行的需要，通过一系列政策为部分农村户口人员实现“农转非”提供了制度空间。

1. 国家为选拔人才而创设的“农转非”制度空间

无论是国家政权的有效运作，还是重工业优先发展的赶超战略的实施，都必须有充足的人力资本支持，尤其是有一定文化水平和专业技能的管理人才和技术人才。人才选拔型“农转非”就是通过一定的制度安排，为农村地区中具有一定文化水平或者专业技能的农业户口居民设立的“农转非”制度通道。具体而言，人才选拔型“农转非”有以下几种：

（1）升学“农转非”。考取大中专院校的学生凭录取证明可办理“农专非”，以及新招职工凭市、县劳动部门录用证明可办理“农转非”，就是属于典型的人才选拔型“农转非”。升学“农转非”主要是针对被城镇大中专院校录取的农村户口学生。

（2）招工“农转非”。国有国营单位可根据单位发展的需要，按国家计划内的指标，经由地方劳动人事部门，从农村招录符合条件的农村户口人员。20 世纪 60 年代开始，在重工业优先发展的战略下，各国有工矿企业面向农村大量招聘矿工等体力性劳动工人。20 世纪 70 年代末，中国启动了向国企国营单位放权让利的扩大企业经营自主权的改革，国家计划性“招工”逐步被市场招聘所代替，因此，“招工”这一“农转非”制度空间也逐步退出历史舞台。

（3）参军“农转非”。国家为保障国家安全，以兵役形式，按照体质与能力选拔适龄青年充实部队。农村户口青年如果顺利入伍，户口将迁入所属部队，成为持有“现役军人证”的义务兵，从而改变农村户口身份。按照1958年《国务院关于处理义务兵退伍的暂行规定》，退役义务兵按照“从哪里来回哪里去”的原则处理，同时“入伍时原是家居农村或者城市郊区的农民，退伍后都应当回到原居住地区参加农业生产”。这意味着如果原为农村户口的义务兵在退役后，仍然会回原征集地方，并且凭退户手续到当地户籍管理部门落户为农村户口身份。但是，参军的农村户口青年如果在部队“提干”，则退役后当地民政部门会安置其到地方国有单位就业，从而实现“农转非”。同时，就算是退役回原籍的退役军人，按照规定，在地方招工中也享有优先权。因此，参军“农转非”的制度空间是一种过渡性制度空间。

2. 国家为政策照顾部分特殊人群而设置的“农转非”制度空间

在严格控制人口迁移的户籍政策下，国家也出于照顾部分特殊人群的实际需要，出台了一些有针对性的“农转非”政策，为少数农村人口实现“农转非”创设了制度空间。下面略举几例：

（1）针对国有和集体退休工人子女的“退补”性“农转非”政策（又称“接班”政策）。1978年国务院出台了《关于工人退休、退职的暂行办法》（国发［1978］104号）。该《办法》规定“家居农村的退休、退职工人，应尽量回到农村安置，本人户口迁回农村的，也可以招收他们在农村的一名符合招工条件的子女参加工作”。这为退休工人的农业户口子女实现“农转非”提供了制度空间。在胜村就有较多农村青年是因为这个政策实现“农转非”的，在当地这也被称为“接（父母的）班”，在户口迁移证上的迁移原因也注明为“退补”。

（2）针对“冤假错案”平反人员和“上山下乡”城市知识青年等的恢复性“农转非”政策。粉碎“四人帮”以后，党和国家启动了“冤假错案”的平反工作，出台了相关政策，逐步恢复了“冤假错案”人员及其家属的城镇户口。自20世纪60年代开始，中国政府发起了城市知识青年“上山下乡”运动，这些知识青年的户口也相应迁到农村。1980年，中共中央书记处发出指示，不再组织城市知识青年“上山下乡”，开始逐步恢复“上山下乡”知识青年的城镇户口并安排工作。1981年4月9日，国务院知青办向国务院呈送的《关于知识青年上山下乡工作的基本情况和当前任务的报告》中指出，力争年内把历史上遗留下来的插队知青问题解决好。[①] 这为已经是农村户口的“冤假错案”平反人员和“上山下乡”城市知识青年实现“农转非”提供了制度空间。

（3）针对知识分子及其家属的“农转非”政策。1980年9月3日，公安部、粮食部、国家人事局联合颁布了《关于解决部分专业技术干部的农村家属迁往城镇由国家供应粮食问题的规定》。《规定》指出，“目前有少数专业技术骨干的配偶在农村，生活有很大困难。为了让他们能集中精力工作，为四化多做贡献，在当前国家还有困难的情况下，可采取分批、分期的办法，逐步解决他们在农村的家属迁往城镇，由国家供应粮食的问题”。《规定》明确了知识分子家属“农转非”不受公

① 严士清：《新中国户籍制度演变历程与改革路径研究》，华东师范大学博士学位论文，2012年，第83-84页。

安部门控制比例的限制。① 这为城市知识分子在农村的家属的“农转非”创造了制度空间。

这类国家为照顾部分特殊群体而创设的制度空间，总体上具有明显的针对性，也具有较为明确的时效性，也即国家在某一特定时期针对的特殊人群因严格的户籍管理而造成的社会问题而创设。当这些社会问题弱化或消失后，政策也就基本终止了。最为典型的是为解决“冤假错案”平反人员问题和“上山下乡”城市知识青年问题而出台的“农转非”政策。

（二）改革后的“农转非”制度空间

改革后，也即中国政府在 20 世纪 80 年代实行市场经济导向的经济体制改革以来，户籍制度对“农转非”的控制呈逐步放松的趋势。国家和地方政府通过一系列政策实践为农村户口人员实现“农转非”提供了新的制度空间。

1. 指标买卖式的“农转非”制度空间

改革后，农村全面推广家庭承包责任制。在集体化时代隐匿的农业剩余劳动力问题逐步凸显，农民开始流向城镇，自谋职业。一时间出现了政策话语中的“盲流”，以及相应的“人户分离”现象。与此同时，一些市县政府也以“集资办农业”“振兴经济”等为名，公开向进城农

---

① 严士清：《新中国户籍制度演变历程与改革路径研究》，华东师范大学博士学位论文，2012 年，第 84-85 页。

业户口人员出卖城镇户口指标。[①] 一些地方的这类做法，引发了不少社会问题，1988 年 10 月 29 日，国务院办公厅下发了《关于制止一些市、县公开出卖城镇户口的通知》，叫停这些地方的做法。

为了规范上述出卖城镇户口的行为，1992 年公安部决定，对在城镇有稳定住所和职业，并要求在城镇定居的农村人口，允许以蓝印户口的形式在城镇入户，并享受与城镇常住户口同等的待遇。但是，该项政策在实施过程中，不少地区又以筹集城镇建设经费为名义，向要求落户城镇的农村人口征收城镇增容费，变相出卖"农转非"户口指标。但这种变相的出卖"农转非"指标的行为也很快就被中央政府叫停。1992 年 8 月 31 日，中共中央办公厅和国务院办公厅下发了《关于立即制止出卖非农业户口的紧急通知》，明确禁止任何地方和部门以筹集资金等各种名义办理"农转非"，同时，要求各市县不得擅自出台新的户口迁移政策特别是"农转非"政策。1977 年 12 月，公安部在《关于认真贯彻执行〈国务院批转"公安部关于处理户口迁移的规定"的通知〉的意见》中，给各省、市、自治区下达了"农转非"的内部控制指标，即"每年批准从农村迁入市镇和转为非农业人口的职工及其家属人数，不得超过非农业人口数的 1.5‰"。

尽管中央政府三令五申禁止买卖"农转非"指标，但在长期的城乡二元体制的压制下，"农转非"需求实在太大，地方政府筹集资金发展经济的政绩冲动也很大，因此，此类指标出卖型"农转非"还是屡禁不止。据统计，截至 1993 年，全国累计出售各种城镇户口 300 多万

---

① "农转非"指标的数量依据主要是：1977 年 1 月 12 日，公安部在《关于认真贯彻执行〈国务院批转"公安部关于处理户口迁移的规定"的通知〉的意见》中，给各省级地方政府下达的"农转非"的内部控制指标，即"每年批准从农村迁入市镇和转为非农业人口的职工及其家属人数，不得超过非农业人口数的 1.5‰"。

个，收入达250亿元。[①] 同时，一些沿海城市也相继实行了投资入户、购房入户的蓝印户口政策。投资入户、购房入户表面上不同于直接的户口买卖，但在一定程度上也是把传统的户籍身份固化、商品化，与收取城市增容费的中小城镇户口买卖没有什么实质区别。[②]因此，在20世纪80年代后期和90年代早期，此类地方性的指标买卖型“农转非”，为农村户口人员实现“农转非”提供了一定的制度空间。

显然，能够购买“农转非”指标的农村人是必须具备一定的经济能力，同时，由于“农转非”买卖存在一定的供不应求，能够购买到“农转非”指标的农村人还必须有一定的社会资源，因此，指标买卖型“农转非”是具有一定的“筛选”性的。由于指标买卖型“农转非”并没有由政府安置就业，故很多指标买卖型“农转非”人员事实上仍是在原村庄从事农业生产，在职业上仍然是“农民”。就算是这类指标买卖型“农转非”人员通过自身的努力在城镇就业，转换了“农民”职业，但这并非其购买的“农转非”指标附属的就业福利。这与通过升学、参军和招工实现了户籍与职业的双重“农转非”的“农转非”人员有本质的区别。

2. 小城镇建设型的“农转非”制度空间

改革后，农村全面推广家庭承包责任制，在集体化时代隐匿的农业剩余劳动力问题逐步凸显，在一定程度上促成了乡镇企业的快速发展和小城镇的复兴。在1980年的全国城市规划工作会议上，中国政府确定了“控制大城市规模，合理发展中等城市，积极发展小城镇”的方针，

---

① 韩俊：《当代农村经济形势透视与近代改革的思路》，《中国农村经济》1994年第1期。

② 左鹏，周菁：《户口买卖与户籍制度改革——来自P市的调查》，《中国人口科学》2000年第2期。

小城镇建设成为城镇化的重点。

为了配合小城镇建设，中国政府调整了小城镇范围内的“农转非”政策。1997 年 6 月 10 日，国务院批转公安部《小城镇户籍管理制度改革试点方案》，批准部分有条件的小城镇试点户籍制度改革。试点的小城镇可以出台实施办法，允许在小城镇已有合法稳定收入的非农职业或者已有稳定生活来源，而且在有了合法固定的住所后居住满两年的三类①农村户口人员办理城镇常住户口，且共同居住的家属随迁办理城镇户口。

2001 年 3 月 30 日，《国务院批转公安部关于推进小城镇户籍管理制度改革意见的通知》将小城镇户籍管理制度改革试点经验推广到全国，明确在小城镇范围内，② 有合法固定的住所、稳定的职业或者生活来源人员，以及与其共同居住生活的直系亲属都可以办理城镇常住户口。

从上述两个政策性文件内容来看，小城镇户籍改革为农村户口人员实现“农转非”开辟了新的制度空间，但主要限于有稳定收入和住所的农村户口人员及其直系亲属。有稳定收入和住所的农村户口人员显然是相对于居住在农村主要以农业为职业的农村户口人员的优势群体，因此，小城镇户籍管理制度改革开辟的“农转非”制度空间仍然具有“筛选”性。

3. 土地财政催生的“农转非”制度空间

随着中国城市化进程的加快，城镇发展对土地资源的客观需求日益

---

① 这三类人员为：一是从农村到小城镇务工或者兴办第二、三产业的人员；二是小城镇机关、团体、企业、事业单位聘用的管理人员和专业技术人员；三是在小城镇购买了商品房或已有合法自建房的居民。

② 小城镇的范围是县级市市区、县人民政府驻地镇及其他建制镇。

增强。同时，分税制改革后，地方政府“土地财政”进一步加剧了城镇对土地资源的“政绩型”需求。按照《中华人民共和国土地管理法》，我国土地实行全民所有制和劳动群众集体所有制，前者也即国有制，后者主要指农村土地集体所有制。地方政府要获得土地，一是在法律规定的范围内划拨国有土地使用权，二是出于公共利益的需要可以依法对土地实行征收或者征用并给予补偿。前者主要是国有土地使用权之间的转换，后者则主要是征收或征用农村集体土地（也即“征地”）。

地方政府征地的对象主要是农村集体土地，但农村集体土地承包经营权在农户，因此，地方政府必须向农户进行补偿，一方面是经济补偿，另一方面则是基于“土地农转非”而对征地范围内农村户口人员进行集体“农转非”。征地范围内的农村人口也因此转变了农业户口，并相应地获得了城镇户口及其所附属的各种社会福利。

诚然，征地制度为农村人口实现“农转非”提供了制度空间，但是征地所产生的集体“农转非”主要限于城郊被征地的农村地区。因此，征地政策创设的“农转非”制度空间并非面向所有农村人口开放。换言之，非征地范围的农民是没有机会集体“农转非”的。这是征地“农转非”区别于其他形式“农转非”最大的区别。

三、“农转非”：胜村的经验表述

以政策文本为主要依据，可以对国家创设的“农转非”制度空间进行宏观把握。但对于农民而言，在国家创设的“农转非”制度空间内进行的个体选择在现实中要更为复杂。本节以原籍为胜村的“农转非”群体为考察对象，从微观层面分析胜村农村户口人员如何在户籍制度的制度壁垒与国家创设的制度空间下实现“农转非”。

笔者通过调查收集了新中国成立以来胜村的“农转非”的人口信息，总共收集了133名“农转非”人员的信息，[①] 按照时期与“农转非”途径，分析胜村“农转非”群体的总体特征，并结合具体的个案分析影响农村户口公民“农转非”的因素。

根据笔者收集到的个案统计，中华人民共和国成立以来，胜村共有133人实现了“农转非”，其中改革前44人，改革后89人。20世纪80年代改革前，胜村人实现“农转非”的途径有招工、参军转业、提干和升学，其中招工和参军转业是最主要的途径。20世纪80年代改革后，在国家创设制度空间拓展的背景下，胜村人实现“农转非”的途径，增加了购买指标和购房落户两种途径，但升学已经成为最主要的“农转非”途径（表2.1）。

表2.1　改革前胜村“农转非”群体的基本情况

	时期	招工	参军转业	升学	提干	购买指标	购房落户	其他	合计
改革前	20世纪50年代	8人	2人	1人	7人	–	–	1人	19人
	20世纪60年代	7人	1人	1人	–	–	–	1人	10人
	20世纪70年代	8人	6人	–	–	–	–	1人	15人

① 由于缺乏文本性统计数据，笔者设计了调查信息表（附件1），委托村干部、村民小组组长、在外人士、熟悉的村民分别填写，并到县档案馆查阅了相关迁移证存根和县劳动局下发给当时的大村公社的招工文件，再汇总并反复交叉核对，基本掌握了胜村“农转非”人口的情况。但由于农村人口流动性大，仍难免有疏漏，特别是改革50年代和60年代，由于时间久远，档案也不完整，真实的数据可能比笔者统计数据要大。

续表

	时期	招工	参军转业	升学	提干	购买指标	购房落户	其他	合计
改革后①	20世纪80年代	4人	2人	17人	1人	-	-	-	24人
	20世纪90年代	1人	-	22人	-	2人	-	-	25人
	21世纪以来	-	-	34人	-	-	6	-	40人
合计		28人	11人	75人	8人	2人	6人	3人	133人

资料来源：作者根据调查资料整理。

表2.1反映了中华人民共和国成立以来胜村人实现"农转非"的主要途径和人数。简单的量化数字远远不足以反映胜村人为实现"农转非"的复杂经验。下面笔者将按时期对胜村人"农转非"的具体实践进行分析。

(一) 改革前胜村"农转非"情况

20世纪50年代，共有18名胜村人实现了"农转非"，而影响胜村人能否"农转非"最主要的影响因素是个体的政治经历（地下党员身份和早期参加革命战争经历）、工作经历和亲属关系。

1. 政治经历

胜村有19名村民在解放前就参加了中共地下党。这19名地下党员

① 根据1978年底党的十一届三中全会精神，S县的农业生产承包责任制改革在1979年启动，"1980专业联产承包到组或到户的生产对1 577个，占生产队总数的20%。到1984年，实施生产家庭联产承包责任制（包干到户）的生产队达到98%"。（《S县志》1993年版，第119页）。故本书以1980年为时间节点划分改革前与改革后。

除去世或犯错误的外，其余 7 人都被直接提升为国家干部，被安排到地方政府或国营单位工作。7 名被直接提干的老地下党员分别为 WZL（调入地方政府工作，先后任县内某区区长、县农场场长）、PCX（调入地方政府工作，后任县氮肥厂厂长）、PXX（被任命为县女子中学校长，后任县一中首任校长、某县人大主任）、PGQ（调入县供销社工作）、PXS（调入县供销社工作）、WBH（调入县磺矿工作）和 WYS（调入湘潭锰矿工作）。胜村还有 2 名村民在解放前就参加了革命战争，分别为 PNF（1948 年参加了地方革命部队并入党，后在部队晋升至团长，转业安排在云南某国有单位工作）和 WTN（参加了解放前的淮海战役，解放后又参加了抗美援朝战争，并因战争中负伤而退役，退役后被安排在县法院工作）。这批老革命成为自有城镇户口和农村户口划分以来，胜村第一批拥有城镇户口的人员。

2. 工作经历

胜村因为离县域内主要水运航道测水不远，到水上做船工是解放前胜村人除农业外的重要生计。解放后，县里成立了航运公司，招募了大批解放前的老船工。胜村有 6 名出身为贫农的老船工因此被招工到新成立的县航运公司，由此实现了“农转非”。此外，还有 2 名解放前曾在煤矿做矿工的村民，被重新招工到已经被国有改造的煤矿，由此实现了“农转非”。

3. 亲属关系

20 世纪 50 年代，胜村还有 1 名村民通过升学实现“农转非”。这名升学的青年为胜村最知名的革命人物 PXX① 的弟弟 PZ。50 年代后

① 在解放军南下时，PXX 作为当时县内地下党的主要成员，受组织委派作为部队进军的带路人，带领部队先后攻陷和解放县城和当时的邵阳。

期，PZ 在哥哥 PXX 的推荐下，进入县内某高中学校（毕业后被分配到县农业局工作，后又调入市农业局工作）就读，由此实现“农转非”。此外，50 年代还有 1 名比较特殊的“农转非”，此人为解放战争时期国民党投诚起义士兵，解放后回村务农，后因有一定的文化水平，被安排到小学当教师。这个时期的农转非人员，退休后大部分都回胜村居住了(在县以外地区工作的除外)。其中，WZL、PCX、WTN 在 20 世纪 90 年代，曾长期列席村党支部会议，成为村庄公共事务的重要参与者，在村庄享有很高的权威。

20 世纪 60 年代，胜村共有 9 人实现了“农转非”。这个时期影响胜村人“农转非”的主要因素是村民在国营单位的亲属关系。这一时期实现“农专非”的 10 人中通过“招工”途径“农转非”的有 7 人，其中 6 人都是因亲属关系而被招工到国有国营单位，另外 1 人则因体质虚弱不宜农业劳动，在县里某国营单位到大队招工时，被生产队推荐进入工厂。此外，1 人是从部队退役回村后又被公社推荐到武汉一所工农兵大学读书，毕业后分配到某工厂；1 人是参军转业被安排到某国有企业工作；还有 1 人为随军，其丈夫为解放前参军的 PNF。总体而言，这一时期，村民个人的亲属关系对于实现“农转非”非常关键。

20 世纪 70 年代，胜村共有 15 人实现了“农转非”。实现“农转非”的主要途径是“招工”和“参军转业”。这一时期，有 8 人通过“招工”实现“农转非”，但“招工”仍然非常明显地受亲属关系影响。8 名通过“招工”实现“农转非”的人员中，有 5 人与招工单位领导或干部是亲属关系，有 3 人是直接通过“退补”（俗称“接班”）的形式被“招工”的。同时，这时期是胜村青年通过“参军转业”实现“农转非”最多的时期，共计有 6 人，占胜村通过该途径实现“农转非”总人数（11 人）的半数之多。此外，该时期还有一名比较特殊的“农转非”人员，她是60年代由邵阳下放到胜村的女性“城市知识青年”，在1974年以“补员”的形式被安排到县教育系统工作。①

总体而言，改革前，胜村村民实现“农转非”最主要的途径是“招工”和“参军转业”，并且较为明显地受政治经历和亲属关系的影响。没有明显的政治经历优势和亲属关系优势的大部分胜村村民基本没有机会通过“农转非”摆脱农民身份。相对而言，“参军转业”可以说是大部分没有明显政治经历优势和亲属关系优势的村民实现“农转非”的唯一途径。改革前，整个胜村约有30多人在解放后参军，但只有9人通过该途径实现了“农转非”。由此可见，通过“参军转业”实现“农转非”的机会事实上也相当少。

（二）改革后胜村“农转非”情况

较之改革前，20世纪80年代改革后，胜村人实现“农转非”最大的变化是“升学”迅速成为个人实现“农转非”最主要的途径。改革前的主要途径“招工”和“参军转业”基本没落，甚至在进入21世纪后，完全消失。

20世纪80年代，中国农村进入“家庭联产承包责任制”时代，分散的家庭承包经营替代了集体经营，农民从事农业生产的积极性得到了极大提高。同时，城乡间的人口流动限制也逐步放松。但是农民要改变自己的“农村户口”仍然只有“农转非”这一条途径。这一时期对于胜村村民实现“农转非”影响最大的应该是1977年9月国家教育部决定恢复已经停止10年之久的高等院校招生考试，也即高考。整个80年代，胜村实现“农转非”的24人中就有17人是通过了高考升学实现

---

① 县公安局《迁移证存根》（公字第NO. 017579号）

的，其中就包括了后来在胜村学子中堪称榜样的两名“博士”，[①] 以及在政府机关和事业单位工作的好几位处级以上干部。通过“招工”实现“农转非”的有4人，其中3人是因父亲退休而“替补”的，只有1名是80年代初新招工，且与其父亲当时担任生产大队书记的社会资源有直接的关系。通过“参军转业”实现“农转非”的有2人。唯一的1名通过“提干”实现“农转非”的是PZF。他是胜村50年代以后唯一一名“提干”的村干部，其“提干”也颇具戏剧性。总体而言，80年代，胜村村民实现“农转非”的过程中，个体能力因素变得日益重要，尤其是升学能力。

案例2.1 从村干部任上“提干”的PZF

1978年，PZF从部队退役回村，回村后不久担任生产大队民兵营长。1980年，县里在公社建立公社管委会。两年后，1982年，胜村生产大队党支部换届选举，公社管委会领导和当时的大队书记都有意让PZF当选下一届大队书记。但后来却因村内党支部中出现了强有力的竞争对手，PZF在这次大队书记换届选举中意外落选。这次落选却让公社领导认识到了胜村村庄政治中“派系”的复杂性。1984年，县里实施政社分开改革，恢复乡镇建制，并拟面向农村干部选拔一批“农民副乡长”。当时，负责选拔的县委组织部中恰有一名负责人是PZF在部队时的战友，而PZF又恰具备农村干部、党员、退

① 这两名博士分别于1980年和1981年考入大学，后面继续深造获得了博士学位，并都在所在单位担任了要职。胜村人以村里出了“博士”为傲，也常以这两人为榜样教育孩子。应该说，这类升学榜样对胜村重教之风有一定的影响。

伍军人、年龄等条件。经过考试与面试，当然还有关系运作，PZF成功入选并被任命为某乡副乡长，由此实现了“提干”和“农转非”。

20世纪90年代，胜村有25人实现“农转非”，基本延续了80年代的趋势，也即“升学”愈发成为主要途径。整个90年代，胜村有22人通过“升学”实现了“农转非”。1996年1月9日，国家人事部下发了“关于印发《国家不包分配大专以上毕业生择业暂行管理办法》的通知”。《办法》第三条规定“毕业生通过人才市场在多种所有制范围内自主择业”，同时第九条规定“原系农业户口的毕业生被全民所有制单位录（聘）用后，按照有关规定办理‘农转非’手续”。这意味着大学毕业生就业由国家分配逐步走向市场择业，该时间点以后的农村户口的大学毕业生只有被全民所有制单位录（聘）用后，才能办理“农转非”。这使得想通过“升学”实现“农转非”的农村青年，既要在高考中“胜出”，还必须在市场就业中“胜出”，从而增加了“升学农转非”的竞争性，相应地也增加了难度。但由于“不包分配”的政策是90年代后期出台的，对90年代的农村大学生总体影响还不是很大，至少胜村90年代毕业的大学生基本都实现了“农转非”。90年代，胜村还有3人是通过非“升学”途径实现“农转非”，其中1名是通过先在其堂兄所在国企做“临时工”，多年后“转正”实现的“农转非”。笔者把此人的“农转非”归入“招工”途径，但显然这与90年代以前的“招工”形式是有相当大的差别的。另外2名，则是通过购买“农转非”指标实现“农转非”的，但只是“户口类型”改变，而没有如80年代以前的“农转非”那样解决就业。

21世纪以后，胜村有34人实现“农转非”，且都是通过“升学”。

这一时期“升学”这一“农转非”途径也发生了巨大变化。由于大中专学生在毕业时都是采取市场择业，毕业后没有进入国有单位就业的，户口落户有两种方式，一是回原籍，二是挂靠就业单位所在地的“政府人事部门所属人才流动服务机构”。户口挂靠就业单位所在地的“政府人事部门所属人才流动服务机构”有诸多不便，同时，国家农村土地政策也一直处于调整阶段，村民对土地价值的期望值也增高了。这导致许多大学生升学后没有把户口从村庄转出继续保留“农村户口”身份。21 世纪以后，胜村考取大专以上院校的学生有近 100 人，但最终实现“农转非”的却只有 34 人。相应地，在胜村就出现了一大批大学生“农业户口”人员。正是在这种情况下，胜村出现了一例特殊的“农转非”情况（案例 2. 2）。此外，值得注意的是，尽管国家和地方政府在这一时期出台了不少允许和鼓励“购房落户”和“投资落户”的政策，但胜村只有 6 位经商成功人士因城市购房或置业而落户城镇。总之，21 世纪以后，就胜村的经验而言，村民实现“农转非”的主要途径是“升学”途径。

案例 2. 2　党组织关系留在村党支部的女大学生

胜村一女大学生在毕业时把户口迁回了胜村，相应地把党组织关系也转入了胜村党支部，并参加了胜村党支部的党员生活（主要是参加支部会议）。两年后，该女大学生通过县里的教师招聘考试，被招录到县内一相对边远乡镇当小学教师，于是，该女大学生把户口迁出了胜村，但党组织关系没有转出，仍然留在胜村党支部。

总体而言，就胜村的经验而言，改革前“农转非”的主要途径是“招工”和“参军转业”，改革后“农转非”的主要途径则是“升学”。除国家政策影响外，改革前“农转非”受个体的“政治经历”和“亲属关系”影响非常明显，改革后，个人能力（学业能力）的作用则更加明显。此外，改革后，由于体制外的城乡人口流动放开和就业选择的多元化，“农转非”对个体的影响有减少的趋势。甚至由于村民对农村土地政策调整的乐观预期，“农村户口”的价值在村民心目中日益“升值”，部分已经“农转非”的年青大学生还希望“非转农”，把户口迁回村庄。

四、小结

出于建立计划经济体制和重工业优先发展的需要，中国政府建立了具有鲜明城乡二元特色的户籍管理制度。城乡二元户籍管理制度把人口分为“城镇户口”和“农村户口”，并以这种分野为基础，配套了差异化的就业、教育、社会保障等政策。因此，中国户籍管理制度不仅仅是一种户口登记与管理制度，还是人口流动控制和福利分配制度，是城乡人口迁移与流动（特别是从农村向城镇的人口流动）绕不开的制度壁垒。

出于人才选拔、政策照顾、资金筹集、土地征用等需要，中国户籍管理制度仍开辟有农村人口向城镇人口转变的通道，也即“农转非”制度，为持有农业户口的农民转变自己的户口身份提供了制度空间。由此，在城乡二元户籍制度壁垒和“农转非”制度空间构成了“农转非”群体产生的制度背景。

就胜村的经验而言，20 世纪 80 年代的中国农村改革是胜村人实现“农转非”方式的重要时间节点。农村改革前，胜村村民实现“农转非”最主要的途径是“招工”和“参军转业”，并且在较为明显地受政治经历和亲属关系的影响。农村改革后，“农转非”的主要途径则是“升学”，较之农村改革前，个体能力成为影响“农转非”的关键因素。

通过对中国户籍管理制度变迁的制度梳理和胜村人口“农转非”的历史考察，不难发现，“摆脱农民身份”是中国农民在具有鲜明城乡二元特色的户籍管理制度下基于生计考虑的理性选择。“农转非”群体的产生是户籍管理制度和农民理性选择相互作用的产物。

第三章　难以割舍的村庄：“农转非”群体与村庄的关联

“农转非”群体，虽然户口迁出村庄，他们中的绝大部分也离开了村庄，在城市有家有业，但他们与村庄仍有千丝万缕的联系，也即与村庄之间仍然存在着关联。“农转非”群体与迁出地村庄的关联，既有文化上的关联，又有利益上的关联，既是集体性的关联，又是个体性的关联。

一、生于斯的文化表达

在中国文化中，家乡不仅仅是一个地理概念，还是一个文化概念。[①] 作为地理概念，家乡指的是家庭或者曾经的家庭所在的具体地理区间。作为一个文化概念，则是作为具体地理区间的“家乡”所承载的文化想象，往往被赋予“生养”“母子”的文化比喻。

“家乡”和“故乡”都是“生养”自己的土地，犹如母亲对孩子的“生养”，于是离开家乡的人被称为“游子”。“家乡”的人，被称为

① 在西方文化中，家乡也是具有文化意蕴的概念，例如人们的出生地所在国家往往被称为“motherland”。

“乡亲”，意指同为“家乡”所养育的“亲人”。同在一个地理区间“家乡”长大或生活的人之间的感情，被称为“乡情”，以类比于“亲情”。正是在这个意义上，在中国人的观念中，既存在一个“地理家乡”，也存在一个“文化家乡”①，恰如，在华人的观念中，既存在一个“地理”性或者“政权”性的中国，也存在一个“文化中国”②。

尽管，有学者指出，现代性的扩张过程就是把“家”连根拔起的过程，就是把“家乡”变成“故乡”的过程。③ 但是，对于因各种原因离开家乡的人，地理空间上的隔离和现代性的冲击，并非那么容易就能把“家”连根拔起，他们与家乡仍有剪不断的文化联系。家乡始终是曾经“生养”他们的地方，有着难以剪断的情感联系和文化联系，甚至，“生养”的文化意蕴，还赋予了他们“回报家乡”的文化义务与责任。“生于斯”，是家乡的一种文化表达，也是离开家乡的人与家乡间永恒的文化联系。

同样，对于“农转非”群体而言，他们只是离开家乡的人中的一部分。尽管他们已经改变了自己的户口属性，转变了自己的农民身份，甚至大部分人都已经离开了村庄，但无论是法律意义上的户口迁移，还是地理空间上的离开，都剪不断他们与迁出地村庄的文化联系。

“农转非”群体作为群体生活境况的改善和社会地位的提高，反而增加了他们相较于一般离开家乡的人们，更多的“回报家乡”的文化义务与责任。帮助、提携“家乡”人成为“农转非”群体具有某种义

① 有关“文化家乡”的论述，参见穆光宗：《人口流动效应与新农村建设——“文化家乡”的理论构建》，《中国图书评论》2006 年第 10 期。

② 有关“文化中国”的论述，参见张宏敏：《“文化中国”概念溯源》，《深圳大学学报（人文社会科学版）》2011 年第 3 期。

③ 卢建红：《“乡愁”的美学——论中国现代文学的“故乡书写”》，《华南师范大学学报（社会科学版）》2012 年第 1 期。

务与责任性质的行为，由此就不难理解各种"同乡会"和"地缘经济现象"。"农转非"群体捐助家乡的修桥筑路之类的公益事业，也成为被"家乡"人所期待的事情，由此就不难理解罗兴佐把从村庄走出去国家机关和事业单位的人群在村庄治理中的作用概念化为村庄治理的"第三种力量"。①

总之，尽管"农转非"群体中的大部分人，在地理空间上离开了迁出地村庄，但在文化意义上，他们与"生于斯"的村庄间仍然保持着文化关联。正是因为这种文化关联的存在，他们自己仍然认同自己"某某地"或"某某村"人，村民也认同这些"农转非"人员是从本村"走出去"的人。因此，尽管"农转非"群体因为户口迁移丧失了"法律性村民身份"②，但是他们仍然保留着"文化性村民身份"③。但是，仅仅拥有"文化性村民身份"的"农转非"人员毕竟与一般的村民还是有身份上的区别，故在迁出地村庄的村民看来，从本村庄走出"农转非"群体，与"其他村的人"或"外地的人"有本质的区别，他们是"本村在外工作人员"。④

---

① 罗兴佐：《第三种力量》，《浙江学刊》2002 年第 1 期。

② 所谓"法律性村民身份"是指，按照相关法律法规，作为"本村村民"拥有土地承包经营权、宅基地使用权、集体收益分配权和村民委员会选举权。

③ 所谓"文化村民身份"是指，按照中国农村的地方性知识，那些通过户口迁移从村庄走出去的人，无论他们自己还是村民都仍然把这部分人认为是村庄的人，只不过是"本村在外工作人士"。这些"在外工作人士"在文化上仍然属于村庄，村庄是他们的家乡，他们是家乡的"在外人士"。

④ 在笔者收集到的 2009 年《胜村公路水泥硬化工程捐款光荣册》中，这些"农转非"的人，在光荣榜上被登记为"胜村在外工作人员"。

二、长于斯的村庄记忆

“农转非”群体，之所以称为“农转非”，是因为在此之前他们是“农村户口”，他们的身份是“农民”。这意味着他们往往在迁出地村庄有或长或短的生活经历。换言之，迁出地村庄对于他们而言，是曾经“长于斯”的地方。这也意味着迁出地村庄有“农转非”个体的成长记忆。记忆是对过去之事的回忆，但“过去”是会作用于“现在”的。过去在村庄的苦难、快乐、成就、屈辱等经历，在成为记忆之后，会对现在个体与村庄的关系产生影响，而不管现在个体是否已经“农转非”离开了村庄。

笔者在访谈胜村已经在城市定居生活的“农转非”人员时，谈及胜村，他们常常回忆的是过去他们在胜村相处过的人、经历过的事和印象深刻的景。这些记忆，既表达着他们曾经与胜村的关联，也影响着现在他们与胜村的关联。下面，笔者通过几个访谈对象案例来分析个体“长于斯”的村庄记忆和“农转非”人员与迁出地村庄的关联。

案例3.1　孤儿HSF的村庄记忆

HSF是国家恢复高考以来胜村第一个大学生。他家在20世纪50年代农业合作化运动时从隔壁的时湾生产队迁到胜村生产队，也是胜村生产队唯一的H姓家庭。作为贫农家庭，他父母搬进了已经充为集体资产的王氏祠堂。

在HSF三岁那年，父母因病去世，他成了孤儿，由生产队负责抚养，具体的方式是生产队各户轮流抚养，所以HSF

自称是吃"百家饭"长大的。作为孤儿，HSF 的童年充满了被人欺负的经历，在回忆那些经历时，他仍然愤愤不平。但作为孤儿，他也因此在教育上得到了特殊照顾，在其他多子女家庭孩子只能按指标有选择性的送小孩到生产大队和人民公社办的小学和初中就读时，他没有竞争性地顺利完成了从小学到高中的学业，并于 1980 年高考被江西某本科大学录取。当 HSF 考上大学的消息在村里传开时，HSF 所在的生产队还专门请来电影放映员放了两晚的电影，庆祝此事。因为被大学录取，HSF 也因此实现了"农转非"。用他自己的话说，"终于跳出了农村，再也不要吃百家饭了"。HSF 坦诚，尽管当时生产队不少村民对他挺关照的，特别是当时的生产队长（已经于 90 年代去世），但胜村对于他而言，更多的是屈辱和不快乐的经历。

大学毕业后，HSF 被分配到江苏某地一国有企业工作，但他自工作后就再也没有回过胜村，只与当年经常和他一起玩的生产队长的大儿子 WQA 保持着联系。由于 HSF 是胜村恢复高考后的第一个大学生，是通过升学实现"农转非"的典型代表，笔者通过生产队长的大儿子 WQA 联系上了他。访谈时，笔者问他"有没有打算回胜村去看看"，他回答，"也没什么可看的，老人都不在了，再说自己也混得不怎么样"①。

HSF 不愿意回村"看一看"的原因也许很多，比如"混得不怎么样"，以及目前生活和工作的地方（江苏某市）离胜村距离较远，但

① HSF 所在的企业在 90 年代末倒闭了，他成了下岗职工，此后生活并不如意。

是，当年作为“孤儿”在胜村生活的一些不愉快的记忆肯定也是重要原因之一。

案例 3.2 活跃分子 PMQ 的村庄记忆

PMQ 出生于 20 世纪 50 年代中期，高中毕业后于 1976 年入伍，1989 年从部队转业到市某医院后勤从事运输工作。他是业余诗词楹联爱好者，胜村春节联欢会的发起人与组织者，胜村爱心互助会发起人之一，现任爱心互助会副会长，是胜村“农转非”群体参与村庄治理中的活跃分子和典型代表。

PMQ 回忆早年在胜村生活的往事时，有三件事他多次提及。第一件事是 20 世纪 60 年代末的文化大革命。“文化大革命时期，我们生产大队 WFS、PXZ、PCG 三人最为活跃，他们三人是文革‘胜村三杰’。我也是活跃分子，但年纪比他们三个小，算是个‘红小鬼’。那时候激情真是足，干劲也特别大，生产大队拿我们头疼”。第二件事是高中毕业的林场工作生活。“高中毕业后，生产队安排我到大队林场工作，那日子真是无聊，我每天就躲到树下看书（书经常是跑几个大队从同学那里借来的），快收工的时候，就爬出来，用锄头飞快地把分到的地锄完了，别人锄三下，我只要锄一下，就在表皮上锄动一下，把土掀起来盖在上面就可以了，反正也没人仔细检查的，锄土其实也没什么用，所以每天就是看书，神仙日子啊！”第三件事是 1987 年回村探亲时给村里修了一口过滤水井的事情。“1987 年，我回村探亲，看到大家挑吃水的河岸塘那水脏得不行，牛吃都不行，人怎么能吃呢？于是，我就想了个法子，在塘角上用砖头和沙子砌了一口过滤水井。塘水经过沙子过滤流入水井，那水井里的水比塘里的水清多了，直接喝都没问题。为了修这口井，我要组上每家出一元钱、三块砖和一个工，钱主要是买沙子，我一个人出了二十八个工，才把这口井给修好。修好后，解决了大家的吃水问题，都说我有本事。"

在访谈中，PMQ 回忆的事很多，这三件事给我的印象特别深刻，因为这三件事非常明显地对 PMQ 在 2008 年后回村参与村里发展事务产生了直接的影响。2010 年，PMQ 出资与村委会合建的村部就建在河岸塘靠前的过滤井边，他还在当前的过滤井处重新修了一个水井，并在井边修了"春归爱心亭"。在村部竣工后，PGQ 力主在村部的屋顶支起了"毛泽东思想永放光芒"九个不锈钢大字。2015 年 9 月，在 PMQ 为村里草拟的"十年发展愿景规划"中，当年他曾经工作过的林场被他视为胜村发展的重要资源，并建议发展林业经济。2015 年 11 月 6 日，我到胜村调研，PMQ 特地和村主任陪同我，爬上胜村所辖的山地详细考察了一遍，在途经当年的林场时，PMQ 又向我回忆了一遍当年林场的生活。第二天，当我就组织一个村内老人座谈会人选征求他意见时，他也毫不犹豫地认为应当把尚在人世的他称为"胜村三杰"中的 WFS 和 PZG 二位老人请来。在座谈的过程中，PMQ 言语中仍然保持着对两位老人的尊敬。由此可见，PMQ 早年在胜村的生活，那些他"农转非"前的村庄记忆，是他与村庄关联的重要维系，也对他在临近退休时回村参与村庄治理产生了重要影响。

综上，"农转非"人员关于迁出地村庄生活的个体记忆是"农转非"人员与迁出地村庄关联的心理形式。这种心理性的关联，是"农转非”人员在离开村庄后对村庄的感情的心理基础，也对“农转非”人员是否会进一步维系与发展自己与村庄关系的重要影响因素。

三、连于斯的亲缘纽带

中国户籍制度中，“户口”登记是以“户”为基本单位的。“户口簿”首先就登记“户主”姓名，该“户”的集体成员则既要登记“姓名”还要登记“与户主关系”。“农转非”的制度安排，除征地性质的集体“农转非”以外，基本上是以个体为操作单位的，也即是通过升学、招工、参军转业等途经实现“农专非”的都是某一农户家的某一人的“农转非”。这意味着该家庭还有其他人属于农业户口。当然，在该家庭中有一人实现了“农转非”后，如果该实现“农转非”的成员幸运地属于国家政策照顾的特殊人群（如前文所举例的边防、海岛部队军官等)，那么，在政策照顾型的“农转非”的制度空间下，该家庭中与已经“农转非”的人员为直系亲属关系的农业户口的人员也可以“农转非”。但这种政策照顾型的毕竟是少数，大多数“农转非”制度空间都是为个体提供的，这就意味着个体实现“农转非”后，一般还有直系亲属是农业户口，并且留在农村。就算是一个农业户口的家庭都实现“农转非”，离开了村庄，在中国家族文化下，留在村庄的人中也一般还有这些“农转非”人员的家族成员和姻亲。简言之，“农转非”人员尽管实现了个体的“农转非”，但一般还有与其有亲缘关系的人生活在村庄中，因此，这种亲缘关系也构成了“农转非”群体与迁出地村庄的关联。

笔者在胜村的调研发现，胜村“农转非”群体中的相当大一部分都还有亲属生活在村庄，或是父母或是子女或是兄弟姐妹。其中，还有部分"农转非"成员，除自己外，家庭的其他成员都是农业户口，这就是农村常见的"半边户"①。由户籍制度所造成的这种人口登记管理上"户"与现实家庭的分离，使得"农转非"群体与村庄仍保持着一定的亲缘关联。根据亲属关系的具体情况，本书把"农转非"人员与村庄的亲缘关联分为三种主要类型：夫妻关联型、直系关联型和旁系关联型。

（一）夫妻关联型

夫妻关联型，主要指夫妻双方中，有一方户口已经"农转非"，另一方为农村户口，这种家庭也即"半边户"。常见的"半边户"家庭，一般为丈夫为非农户口，在村庄之外的工矿企业、中小学或基层政府机关等单位工作，妻子为农村户口，带着夫妻双方的孩子居住在村庄。"半边户"家庭中的"农转非"人员，平时在外地工作，间段性或固定性地居住在村庄，他们与村庄的关联一般十分密切。此类"农转非"人员，间段性或固定性地居住在村庄，且一般退休后也居住在村庄，在人口统计时，也被统计到村庄总人口。但由于户口不在村庄，相应地也没有个人承包地，没有村民自治选举权或被选举权。据调查，1980 年，胜村总人口中非农业人口为 9 人,② 其中 7 人都为在县内工矿企业工作的工人，2 人为镇内中小学校教师。这也意味着 1980 年胜村有"半边户"家庭 9 户。

---

① "半边户"，在有些地方又叫"一边沉"，指的是一个家庭中，夫妻中有一人（一般是丈夫）为非农户口（常见的职业为乡村教师和工矿企业职工），但家庭其他成员为农业户口。这种家庭的在农村户口登记上的户主为夫妻中非农户口的人（一般为妻子）。由于，这种家庭中的核心劳动力，只有一半在农村，故被形象地成为"半边户"。

② DC 人民公社填报的《人口数及其变动情况统计表（1980）》，S 档案局档案。

基于“半边户”家庭的亲属关系产生的“农转非”人员与村庄的关联，本书称为“夫妻关联型”。此种关联类型的“农转非”人员无法律性村民身份和相关的权利与义务，但因为经常居住在村庄内，与村庄的关联非常密切，往往是村庄事务的积极参与者，并且是有影响力的参与者。

案例 3.3　乡村教师 PSP

PSP，出生于 20 世纪 50 年代中期，70 年代初从师范毕业分配到胜村大队小学任教，后在镇中心小学校长任上退休。其妻子为农村户口。

PSP 在学校上班时，往返于家与学校之间。退休后，子女都已经通过升学实现了“农转非”，他与妻子定居胜村，并修建了新房子。同时，把个人党组织关系从单位转到了胜村党支部，以党员身份参加胜村党支部活动。PSP 是胜村非常活跃的人士，经常为周边村民家红白喜事撰写对联，在胜村的爱心互助会的筹建、春节联欢会的举办和古桥保护事件等公共活动中扮演了非常重要的角色，还受镇政府委托主修该镇《镇志》。

案例 3.4　退休工人 WFS

WFS，出生于 20 世纪 40 年代初，1958 年入伍，1965 年退伍后回到胜村，先后担任公社宣传员、公社耕读社教师。文革时期，相当活跃，被 PMQ 称为文革“胜村三杰”之一。1970 年，本地区某钢铁厂招工，被公社推荐到该钢铁厂工作，由此实现"农转非"。其妻与子女仍为农村户口，居住在胜村，因此，WFS的家庭属于胜村的"半边户"家庭。

1989年，WFS在企业改制时，"内退"回村居住。1996年，WHS与村干部，以及另一名从株洲某厂退休回村的"农转非"人员一起成立了"公司+农户"模式的养猪合作社。2006年，WFS受邀参与了胜村农村电网改造工作。同年，与时任村主任一起筹资修建了连接胜村与石村的邓家坝人行天桥。2007年，又作为主要成员，发起并筹资修筑了村内第一段水泥硬化路。目前，WFS在县城儿子家居住（帮忙带孙子），寒暑假时则回胜村居住。作为文艺爱好者，WFS还是胜村两支广场舞蹈队中一支的领队，经常组织队员学习新广场舞。

（二）直系亲属关联型

直系亲属关联型，主要指"农转非"人员本人已经迁出村庄，其核心家庭成员也已经在城镇定居生活，但仍有父母或爷爷奶奶等直系亲属居住在村庄的这种"农转非"人员与村庄的关联类型。① 由于，尚有直系亲属中的父母或爷爷奶奶居住在村庄，那么，出于血缘上的"情感"和"义务"，这类"农转非"人员一般会间断性地回到村庄看望老人，并且一般会与在村庄的宗族成员及其周边村民保持人情往来。这既是"礼俗"的需要，也是出于父母或爷爷奶奶在村庄生活的需要和去

---

① 理论上，"农转非"人员的核心家庭迁出村庄后，直系亲属中仍可能有成家的子女及其子女生活在村庄，但这种情况一般很少见（因为按照户口登记条例，父母为城镇户口的其子女可以登记为城镇户口，除非"农转非"人员是在有子女成家后才实现"农转非"的），至少在胜村调查中没有发现，故本书在定义"直系亲属关联型"时没有把这种情况包括在内。

世时办理丧事的需要。此外，按照惯例，已经“农转非”的子女也享有父母房子的继承权。因此，在农村土地利益意识日益增强的情况下，此类“农转非”人员，不仅和村庄因“亲属关系”而维持关联，还有具体利益（房子继承）来维持关联。春节等传统节日往往是这类“农转非”人员集中回村的时间。

案例3.5　经商人士SFN

SFN，出生于20世纪70年代，90年代考取了省城某医专，实现了“农转非”。毕业后，先在某事业单位工作，后辞职下海，目前为某医药公司副总经理，是胜村知名的经商成功人士。

S家兄弟姊妹4人都通过升学实现了“农转非”，但父母都是农村户口，居住在农村。作为S家兄弟的老大，SFN带头为父母修建了两层楼房，自己也常在工作之余回村居住。

SFN是胜村知名的公益人士，2009年春节为胜村春节联欢会的举办捐资2 000元，同年，还为胜村村道硬化建设捐款2 000元。2011年，在胜村爱心互助会筹建时，他又捐资6 000元，并担任会长。2013年，SFN为父母所在村民小组道路硬化捐资20 000元。2015年，在SFN的积极推动下，促成了胜村首个山地流转项目——200亩油茶林流转经营。2016年胜村春节联欢会，SFN又捐款3 600元。由于SFN积极参与村内各项公共活动，他成了村内知名的在外人士，村干部遇事也经常咨询他的意见。①

（三）旁系亲属关联型

旁系亲属关联型，主要指"农转非"人员的核心家庭已经整体在城镇定居生活，父母或因去世或因搬到城镇居住而不再在村庄居住，但是该"农转非"人员还有兄弟姊妹或兄弟姊妹的子女的户口在村庄，也居住在村庄。因此，从亲属关系的视角来看，该"农转非"人员只有旁系亲属在村庄居住，这也构成了他与村庄的亲属性关联。相对于夫妻关联型和直系亲属关联型，旁系亲属关联相对松散，其亲属关联的强度主要取决于"农转非"人员与其兄弟姊妹或兄弟姊妹的子女在关系上的亲近程度，因为，这种旁系亲属关系既不像夫妻关系一样利益与共，也不像直系亲属关系那样具有法律和道德双重支持的"义务"性，而只具有传统"伦常关系"中兄弟之"悌"或"义"② 所支持的"道德"性。

案例 3.6　中学教师 WJC

WJC 出生于 20 世纪 60 年代中期，80 年代末通过高考，被省城某大专院校录取，由此实现"农转非"。毕业后分配在县内某中学任教，已在县城买房安家，妻子也是事业单位工作人员。

---

① 有关 SFN 在胜村公共事务中的作用，在第四章还将有介绍。

② 兄弟关系在传统"伦常关系"中主要表现为同为父母所生，而衍生出来的"悌"或者"义"，也即梁漱溟所言之"因情而有义""兄之义友，弟之义恭"。参见梁漱溟：《中国文化要义》，上海人民出版社，2011 年第 2 版，第 79 页。

WJC兄弟姊妹有七人，四个女姊妹都远嫁外地，两位哥哥仍居胜村。大哥原为县某工厂职工，退休后居住在胜村，大哥家庭为典型的“半边户”家庭。二哥是农村户口，成家后，长期在外打工，后因儿子大学毕业后在外地就业并安家，二哥与二嫂前往为儿子带小孩，一家人目前都居住在外地。WJC父亲在80年代WJC读大学时去世，母亲也在90年代中期去世。

就亲属关系而言，WJC在胜村只有大哥和叔伯等旁系亲属在胜村生活了。但除了与胜村的亲属和邻居保持着日常性的“人情性”往来外，村内公益事业建设需要捐款时，WJC有捐款，例如2006年的邓家坝人行天桥建设筹款、2007年的部分村道硬化筹款和2009年胜村爱心互助会筹款等。

案例3.7 事业单位人员WG

WG出生于20世纪50年代中期。其父亲WTN为解放前中共地下党员，新中国建立后任县法院法官，其母亲为农村户口。因此，WG幼年所在的核心家庭为“半边户”家庭。WG的父亲退休后，与老伴居住在胜村。WG兄弟三人，WG为老大，1974年因父亲关系被录用为供销系统职工，实现“农转非”，此后一直在县供销系统上班，自己的核心家庭都为城镇户口，已在县城安家。老二WY通过升学实现了“农转非”，举家为城镇户口，也在县城安家。老三WWH为乡村医生，农村户口，在村内开了小诊所，居住在胜村。

WG的父亲WTN作为老干部退休回村，由于其具有老干部和老地下党员的双重身份，村党支部开会时一般邀请他列席支部会议。2010年，WG的父亲WTN世，WG继承了父母在胜村的房子。就WG的亲缘关系而言，在父母去世之后，WG与胜村的亲缘关系，主要是三弟这个旁系亲属。也就是说，父母去世后，WG与胜村的亲缘关系关联，由直系亲属型转变为旁系亲属型。

WG是胜村爱心互助会的发起人之一。爱心互助会筹建时，他捐款5 000元，并担任爱心互助会的副会长兼秘书长。WG在胜村公共事务的参与上，除了负责爱心互助会的日常运行，负责筹集资金，慰问村内的弱势群体外，还积极参与了村内其他公益事业。如在2008年村道硬化时他捐款1 500元。目前，WG也是关心和参与胜村治理的"农转非"群体中的积极分子。

综上，本节把"农转非"群体与迁出地村庄基于亲缘关系的关联分成了三种类型：夫妻关联型、直系亲属关联型和旁系亲属关联型，并分别列举胜村的相关案例。但这种类型划分只是对"农转非"人员与迁出地村庄因亲属关系而产生的关联的类型描述。亲缘关系的远近与"农转非"成员与迁出地村庄关联的强弱并非成直接的正相关关系，因为，影响"农转非"成员与迁出地村庄关联的强弱的因素除亲缘关系外，还有上文提到的"生于斯"的文化表达和"长于斯"的村庄记忆。

四、个体选择与村庄关联

尽管通过升学、招工、参军提干等途径改变了自己的户口类型，

“农转非”群体获得了社会阶层上的上升性流动，但是由于“生于斯”的文化表达、“长于斯”的村庄记忆和“连于斯”的亲缘关系，他们仍然与村庄有着千丝万缕的关联。在上述关联基础上，“农转非”成员可以通过个体选择“强化”或“弱化”自己与村庄的关联。所谓“强化”，是指“农转非”成员如果在日常生活中增强自己与村庄的各种联系（如保持“人情往来”、为村庄的公益事业捐款、直接参与村庄公共活动），那么，该“农转非”成员与村庄的关联则会进一步增强，其对村庄的认同感，以及村民对其认同感，都会相应地增强。反之，则是所谓的“弱化”。

如果“农转非”成员在转变了“户口身份”，不再拥有“法律性村民身份”① 后，仍然认同自己作为村庄成员的“文化性村民身份”，则有可能通过各种方式来强化这种“文化性村民身份”的行为选择。这意味着“农转非”成员基于“户口身份”而丧失的“法律性村民身份”与“农转非”成员的“村庄认同”之间存在着一种张力，也即，尽管“农转非”成员丧失了“法律性村民身份”，不再享有土地承包经营权、村民自治选举权与被选举权，但是，“农转非”成员依然履行对村庄的各种义务或者说满足村庄对自己的“文化期待”，并在这种义务履行与期待满足中，维持和强化自己的“村里人”认同。具体而言，“农转非”人员在现实中可能通过如下途径来强化自己与村庄的关联。

（一）参与村庄性人情网络

以村庄为单位的人情网络是村庄作为一个共同体存在的基本表征。

① “法律性村民身份”主要指《中国人民共和国土地管理法》和《中国人民共和国村民委员会组织法》等法律法规赋予的村民作为村庄成员的法律性身份。

在村庄内，村庄成员家庭的红白喜事，一般村民都有义务参与，基本的形式是以户为单位进行"随礼"。有义务"随礼"的范围，一般是自然村或者村民小组。也就是说，当自然村或者村民小组内有家庭举办红白喜事时，该自然村或者村民小组内的其他所有家庭都有文化性的义务前往随礼，不"随礼"不仅会视为对举办红白喜事的村民的不尊重，也会被自然村或者村民小组内的其他村民视为"不合情理"而面临公共舆论压力。

"农转非"而进城居住的"农转非"人员，如果得知了自然村或者村民小组内红白喜事的消息，就面临两种选择。一是按照自然村或者村民小组成员的身份进行"随礼"，二是以自己不再属于自然村或者村民小组为由不进行"随礼"。前一种选择意味着"农转非"人员主动参与村庄内的人情网络，后一种选择则意味着"农转非"人员主动脱离村庄内的人情网络。前一种选择，也即按照自然村或者村民小组成员的身份进行"随礼"，意味者"农转非"人员在维持或者强化自己与村庄的关联，因为他履行对村庄的"人情义务"或者说满足村庄对自己在"人情义务"方面的"文化期待"。

当然，现实的情况往往更加复杂。例如属于在村居住的"半边户"的"农转非"家庭，几乎没有这种选择的余地，因为他的家庭因居住地的关系已经成为村庄性人情网络的一部分。再例如，父母仍在村居住的单身的"农转非"人员，则因为自己在地方性知识系统中不是"户主"，因而也就没有此类"人情义务"，这种"人情义务"由其父母承担。

（二）参与村庄集体公共事务

村庄集体公共事务是指与村庄秩序的维持、村庄公共生活的开展，以及村庄发展密切相关的事务。“农转非”成员参与村庄性公共事务，既意味着他与村庄作为共同体的“关联”的存在，也意味着他通过个体选择“参与”强化这种“关联”。罗兴佐曾在调研中发现，在江西龙村，通过参军、升学离开村庄的“在外面工作的人”，充分利用自身资源，在村庄水利设施的修建与维护、村庄用电、村庄交通，甚至村内纠纷调解和村庄矛盾调停等公共事务上发挥了积极的作用，并把这些人在村庄治理中的作用称为“第三种力量”。[①] 显然，罗兴佐文中的“在外面工作的人”属于“农转非”人员。大量调查表明，“农转非”群体参与迁出地村庄公共事务是中国农村常见的事。本书把“农转非”群体参与村庄公共事务视为参与村庄治理，在第四、五、六、七章将对胜村“农转非”群体参与村庄公共事务进行详细分析。

（三）回村庄居住

“农转非”人员回村居住有两种情况，一种是“半边户”家庭中的“农转非”人员尽管已经“农转非”，但由于家庭仍在村庄，除上班时间外，大部分时间仍居住在村庄，退休后则长期居住在村庄；还有一种是已在城镇安家的“农转非”人员退休后回村居住。退休回村居住的“农转非”人员，由于具有一定的经济基础和社会见识，时间也较为充裕，往往在村庄具有较高的地位，是村庄公益事业的“积极分子”，如前文所述的案例3.3的PSP和案例3.4的WFS。通过回村庄居住，部分“农转非”人员实现了由“摆脱农民身份”到“落叶归根”的回归，使自己与村庄的关联进一步强化。事实上，他们除了没有“法律性村民身份”外，无论他们自己还是村民都把他们视为村庄成员。

① 罗兴佐：《第三种力量》，《浙江学刊》2002年第1期。

五、小结

通过"农转非"摆脱了农民身份的"农转非"群体，基于"生于斯的文化表达""长于斯的村庄记忆""连于斯的亲缘纽带"，以及在此基础上的"个体选择"，他们仍然与村庄有着千丝万缕的关联。尽管由于户口的迁出，他们丧失了村庄的"法律性村民身份"，但是他们仍然具有村庄的"文化性村民身份"，也即在文化意义上，他们仍然是"村庄的人"。正是由于他们具有"文化性村民身份"，他们仍然关注、关心"自己的村庄"，村民们也仍然把他们认为是自己村庄的人，对他们有着"文化期待"。在村庄治理的现实场域中，"农转非"群体基于自己的"文化性村民身份"仍然发挥作用，是分析和探索村庄治理体制不应该忽视的一种力量。在接下来的四章中，笔者将以胜村为个案，描述和分析"农转非"群体在村庄治理中的角色和作用。

第四章　“农转非”群体与村庄筑路修桥

传统中国乡村社会结构中的乡绅阶层，以及该阶层在乡村社会治理中发挥的作用，已经被中外学者反复研究，并被视为传统中国乡村社会治理的结构性力量。在传统中国乡村社会，乡绅阶层有着不同于一般农民的身份特征：功名、经济基础，甚至穿着与言行也明显与一般农民不同。“乡绅”并不一定就是“乡贤”。在传统乡村社会，乡绅也可能是为害乡里的“劣绅”，“乡绅”成为“乡贤”是有条件的。张静认为，在传统乡村社会，绅士（乡绅）通过介入“地方公事”获得公共身份，绅士（乡绅）的活动范围不能局限于私人领域，而必须投入到地方社会的公共事务中去。① 传统社会“地方公事”主要包括地方学务（如新办学务、设馆授徒、修建社学义学、维修官学校舍、修撰地方志等）、地方公产（如管理、组织或捐输育婴堂、粥厂、义仓、社仓等）和地方公务（如主持修建水利、桥梁、津渡等工程建设）。② 因此，“乡绅”是一个社会阶层概念，而“乡贤”更多是一个包含道德评价维度的身份概念。“乡贤”因为在“地方公事”中的积极作为，而在地方性社会

① 张静：《历史：地方权威授权来源的变化》，《开放时代》1999 年第 3 期。

② 王先明：《近代绅士》，天津人民出版社 1997 年版，第 21 页。

中享有美名和权威。在中国乡村社会，路和桥是与日常生产生活密切相关的重要基础设施。筑路修桥自古是乡村社会的大事，常被地方史志记载。因此，乡村精英常常因为成功地组织筑路修桥，而在地方性社区中享有较高的声望，甚至“名留青史”。[①] 几乎每一个村庄都有自发组织筑路或修桥的历史，且各类地方精英都是地方性社区中筑路修桥的积极组织者。正是在这个意义上，笔者把筑路修桥视为“常规性”公共事务，把“农转非”群体参与筑路修桥视为“常规性”参与村庄治理。

一、村级公路建设

胜村的交通在地理上很有特色。以 DC 盆地中央的蓝家河为中轴，一条约 2 千米长东西走向的主干道贯穿全村，与对岸的县道 DZ 路平行呼应。胜村的绝大多数的民居密集地分布在这条东西走向的主干道两旁。从外观上看，整个胜村俨然一条“长街”，只是“街边”不是门店而是民居。在这条东西走向的主干道约 3/7 分割点处的合心村民小组地界，一条约 1 千米的南北走向的干道，截断 DC 盆地，通过古老的星桥[②]跨过蓝家河连县道。根据胜村新农村建设土地规划，这条南北走向的干道从与东西主干道连接处到星桥处以西的路边土地，被划定为新农村建设房屋的建设片区。2006 年以后，合心组的一些富裕户陆续在这一片建起了新房子。因此，东西走向主干道和南北走向的干道星桥以北路段，就构成了胜村的村级公路。

---

① 在传统中国乡村社会，路桥命名的一种重要方式就是以主要组织者或捐资者的名字命名。康熙年间，胜村彭氏五世祖彭禹生捐资在蓝家河上修建一座石拱桥，就被命名为“禹公桥”。

② 这条始建于清朝康熙五十四年的古桥，于 2013 年被拆除，取而代之的是“新桥”。关于星桥的故事，详见第七章。

(一)村级公路养护

胜村村级公路始建于20世纪70年代，初为砂石路面，只有不到3米宽，供拖拉机、自行车和行人通行。遇有连续雨天，路面就泥泞不堪。集体化时期，尚有集体养护道路，基本能通行。80年代改革后，由于集体缺乏能力养护公路，路面很快变得泥泞不堪，行人车辆通行都很艰难，经常成为村民“诟病”村干部不作为的理由。

1992年，刚参加工作不久，在单位开货车的“农转非”人士PMQ，看到村公路泥泞不堪，特别是有十几处地方被各类车辆压出了大水坑，车辆、行人皆通行不便，便组织了几个村民，开着货车到县石膏矿和县氮肥厂拣了十几车石头和炉渣，花了两天时间把村公路上的大水坑填平。由此，村级公路得以勉强通行，但仍面临再次“瘫痪”的可能。

1994年，朝阳组的村民THQ六十大寿，其在外地当工程师的儿子给了他2 800元的寿礼。THQ在寿宴上，当场表态，把儿子给的钱全部用于修路。后来，THQ一人出资，把星桥到朝阳组的村公路段进行全面平整，并铺上砂石。①

在THQ义举的带动下，合心组村民，小卖部店主WCC，开始每天义务清扫从星桥到村主干道路段的公路。在路面被车辆压出水坑时，他也会义务找来石头和沙子及时填补。长此以往，WCC成了胜村知名的义务护路人，镇政府为了表彰WCC，把他建在路边的小卖部命名为“护路亭”，并免除其小卖部的个体工商税。

1998年，鉴于村公路路面太窄，村委会决定对村公路进行加宽改

① THQ也因此义举而为胜村村民盛赞，并在几年后被推选为县人大代表。

造。加宽改造的资金来源为摊派与捐款。摊派主要按村内户籍人口数摊派，五保户除外。捐款则主要是面向本村籍在外工作人员，也即本村籍贯的“农转非”群体。此外，除摊派与捐款外，其时担任县内某镇党群副书记的PCF和其时在市中心医院开货车的PMQ，通过自身的社会资源，给村公路加宽改造工程赞助了大量石头和沙子，并义务承担运输。经过这次加宽改造，村级公路成为较为宽敞的砂石路，但与蓝家河对岸的水泥硬化的县道一对比，仍然相形见拙。因此，建设胜村自己的水泥硬化路，成为胜村人颇为关心的议题。

（二）村级公路硬化

2006年，合心组从某钢铁厂退休后回村居住的“农转非”人员WFS、朝阳组“农转非”人士小学教师LLQ① 和朝阳组村民WJY② 为首，通过捐资筹款，把1994年TWQ铺上沙土的星桥至朝阳路段，进行了水泥硬化，修建了胜村第一段水泥路。此事在当地传为美谈。参与捐资的主要是朝阳组和合心组的村民，以及朝阳组和合心组籍的“农转非”人员。该路段水泥硬化工程的完成给主要在村西居住的村干部班子施加了无形的压力。因为村东朝阳组与合心组都已经自发修了水泥路，而村干部却没有把村西的公路水泥硬化。

2007年，在村东公路水泥硬化工程完成的刺激下，村委会成立了工程建设小组（其中包括了在村居住的“农转非”人员DWY③ 和PSP），通过“一事一议”方式启动了村西公路水泥硬化工程（合心-

① LLQ出生于20世纪70年代初，初为民办教师，后转为公办教师。胜村公路硬化工程进行时，他正停薪留职跑运输。

② WJY出生于20世纪60年代初，曾在90年代短暂担任村委会主任。

③ DWY出生于20世纪30年代，曾任县造纸厂厂长，90年代退休后回村居住。

总支段），并于当年9月8日竣工。在资金筹集上，工程建设小组也采取了捐款的策略，但募捐对象并不包括朝阳组和合心组的村民，以及朝阳组和合心组籍的“农转非”人员，因为这部分人已经参加了村东公路硬化的捐款。村西公路东起合心与村东已经水泥硬化的公路相连，西延伸至老人民公社。至此，胜村村级公路全面实现水泥硬化。

为了纪念村级公路水泥硬化工程，2009年春，参与组织胜村星桥至朝阳的路段水泥硬化工程的WFS自费为该段公路硬化工程树了一块“光荣碑”（图4.1），详细公布了捐资名单。受此影响，2009年12月，村西公路硬化的组织者印刷了一本“光荣册”（图4.1）发给每位捐资者。在“光荣碑”和“光荣册”中，捐款的“农转非”人员，被称为“乡贤”或者“本村籍在外工作人员”。

图4.1　胜村公路硬化捐款“光荣碑”和“光荣册”

“光荣碑”和“光荣册”的捐款名单中，捐款人员的身份有明显的区分。在WFS自费立的“光荣碑”中，捐款人员被区分为“乡贤”和“居民”。“乡贤”主要是在城镇居住的“农转非”人员，而居民则不仅指在本村居住的农村户口村民，也包含了村庄“半边户”中的“农转非”人员。在村委会印制的“光荣册”中，捐款名单则被区分为“胜村在外工作人员捐款名单”和“胜村捐款人员名单”，“胜村在外工作人员捐款名单”既包括了已在城镇定居的“农转非”人员，也包括了在本村居住的“半边户”家庭的“农转非”人员。由此可见，在胜村的地方性知识中，一方面，“农转非”人员既被视为本村人，又被视为与纯粹的农村户口的本村人有一定的区别，另一方面，“半边户”家庭的“农转非”人员在日常话语中被视为本村人，在具有官方色彩的村委会管理话语中则也被视为“在外工作人士”。这也反映了“农转非”人员“法律性村民身份”与“文化性村民身份”存在内在的冲突。换句话说，“农转非”人员在“文化”上，被视为是本村人，但在“法律”上，却不是本村村民。“文化”上的本村人身份，使他们在村庄公益事务上有一定的“义务”，而“法律”上的非村民身份，则使他们的“义务”行为更具道德性。因此，他们的公益行为，更容易被村民予以道德上的好评。

从胜村公路建设的过程来看，“农转非”群体在其中发挥了明显的作用，他们中有一部分是公路建设的积极组织者，如PMQ、PCF、WFS、LLQ，更多的“农转非”人员则主要是通过捐款来参与公路建设。从胜村公路硬化的资金来源来看，“农转非”群体捐款总额达92 538元，尽管只占总资金的12.83%（表4.1），但占个人捐款的31.99%，将近1/3。同时，个人捐款中单笔金额最大的都是“农转非”人员。

表 4.1 胜村村级公路硬化资金来源

	星桥-朝阳段	合心-总支段	总路段	占比
“农转非”人员捐款	15 888 元	76 650 元	92 538 元	12.83%
村民捐款	67 363 元	129 350 元	196 713 元	27.27%
政府、村集体和其他组织出资	18 200 元	414 000 元	432 200 元	59.9%
合计	101 451 元	620 000 元	721 451 元	100%

资料来源：作者根据胜村公路水泥工程“光荣榜”和“光荣册”中数据整理。其中，“星桥-朝阳段”中的“政府、村集体和其他组织出资”包括了胜村基督教会捐款 200 元、胜村集体积累 13 000 元、大村（毗邻村）村委会 2 000 元，以及国家基本农田平整项目资金 3 000 元（农田路基加固）；“合心-总支段”中的“政府、村集体和其他组织出资”包括：“一事一议”财政奖补资金 390 000 元和胜村集体积累 24 000 元。

从胜村公路建设各阶段的组织和实施来看，“农转非”人员的作用比较明显：1992 年的村公路修整主要是“农转非”人员 PMQ 组织；1998 年的村公路加宽改造，“农转非”人员 PMQ 和 PCF 发挥了重要作用；2006 年村公路星桥-朝阳段硬化，“农转非”人员 WHS 和 LLQ 是主要组织者。其后，村西公路（合心-总支段）硬化过程中，“农转非”人员 DWY 和 PSP 是工程建设小组的重要成员。

二、邓家坝人行天桥建设

邓家坝位于蓝家河胜村东段，在现朝阳组与合心组的交界处，于 1956 年，由当时的胜村生产大队在解放前邓姓地主的私人小河坝的基础上扩建而成。邓家坝连接着蓝家河两岸的胜村与石村。水坝靠胜村这边建有水力水泵①两台，是胜村重要的农田灌溉设施。水坝上设有十来块方形“跳石”供河水漫过坝上时两岸居民交通。因此，水坝具有灌溉与交通的双重功能。

邓家坝对于胜村和石村的村民的生产生活都有着重要的作用，一方面，邓家坝是两村农田灌溉水源的重要保障，另一方面，胜村有旱地和林地位于对岸的石村，邓家坝是胜村村民经营旱地和林地的必经之地。同时，石村的中小学生到大村总支附近的中学上学都须踩着“跳石”经过邓家坝。遇有河流涨水，河水漫过“跳石”，一些胆大的高年级学生尚可小心翼翼地踩着“跳石”趟水而过，一些胆小的和低年级的学生则必须由家长护送过河，否则就必须绕道，从蓝家河上游的一座小桥通过去上学，距离较远。如遇有大水，就无人敢从坝上踩“跳石”趟水过河。在平常年份，只有春汛时节的少数日子河水漫过“跳石”过高，造成坝上交通因不安全而中断，而绝大部分日子里坝上交通是安全畅通的。大约从 90 年代后期开始，由于河道淤塞严重，河水漫过坝墩阻断交通的现象越来越严重，严重威胁坝上的交通安全。因此，邓家坝的交通问题一直为两岸村民所关注和议论，苦于条件不成熟，一直无人出面处理。

早在 1994 年，由 THQ 主持完成星桥到朝阳段村级公路的砂石路面整改时，THQ 的儿子 TXJ（其时为湖北某工厂工程师）曾提议在邓家坝上修一条钢丝缆桥以解决邓家坝汛期交通问题，并表示个人愿意捐资 1 万元。但当时胜村无人出面组织，更有村民认为钢丝缆桥有点天方夜谭，不以为然，而建议与愿意出资者 TXJ 也常年在湖北工作，于是邓家

---

① 这两个水泵的原理是依靠河水在水坝上的落差产生的“水力”，把水通过管道引入水渠，故本书把它们称为“水力水泵”（在湘中农村地区一般叫“水同泵”）。以区别与依靠电力运作的水泵（在湘中农村地区一般叫“电排”）。

坝上修建钢丝缆桥的事也就不了了之。

2000年，石村在蓝家河下游的一个同类型的水坝上修了一座人行天桥，解决了大水期间的两岸村民的交通问题。此事引起了胜村人的广泛议论，有村民提议参照石村经验，在邓家坝上也修一座人行天桥，但是一直无人出面组织。

2001年石村一小孩放学回家路过邓家坝，因漫过“跳石”的河水过激，在过河时一不小心就滑落坝下，幸亏有人及时下水施救未造成伤亡。此事件引起了石村家长的恐慌，家长在学生放学时来邓家坝接送的现象日益增多。2002年，石村一卖豆腐的老人在早上通过邓家坝时不幸滑入坝下淹死。邓家坝的管辖权在胜村，石村已经在下游归石村管辖的水坝上修桥了人行天桥，而现在石村人屡屡在胜村管辖的邓家坝上出安全事故。因此，这两件安全事故引起了胜村人广泛的议论，并让胜村人感觉很没面子。于是，在邓家坝上修建人行天桥的方案再度被人提起，并且比以前更显紧迫。

2003年7月，合心组“农转非”人员WHS和朝阳组村民WJY经过商议，决定通过集资在邓家坝上修建一座人行天桥。由于经过80年代的改革，村集体经济已经名存实亡，邓家坝人行天桥的修建指望不上村委会。WFS和WJY决定通过募捐筹集人行天桥修建资金。通过近两个月的宣传发动与筹款，筹集资金17 647元，[①] 并于同年冬天顺利完成了人行天桥修建工程。2005年，为了解决邓家坝年久失修，漏水严重，影响水力水泵的抽水灌溉问题，WHS与WJY等又通过筹款（图4.2），完成了邓家坝坝基加固工程。通过这两个工程建设，大大地提高了邓家坝的交通安全性与水利灌溉能力。

---

① 该数据由笔者根据公示牌所列数据统计而得。

图 4.2　胜村邓家坝人行天桥与工程捐款公示牌

在邓家坝人行天桥建设和坝基加固两个工程中，“农转非”人员发挥了非常关键的作用。WHS 作为在胜村具有较高威望的“农转非”人员，在筹款和施工过程中，带头捐款和积极组织，为工程的顺利推进提供了有力的保障。同时，从捐款来看，“农转非”人员在这两个工程中共捐款占比约占 1/3。

三、小结

介入地方公务是传统中国乡村社会“乡绅”在地方性社会中获取美名和权威的重要方式之一。筑路修桥作为重要的地方性公益事业，是乡贤介入地方公务的重要事务载体，也是乡贤文化的重要体现形式。

新中国成立后，在乡村社会，国家政权一方面消灭了地主土地所有制，代之以国家所有制和集体所有制，另一方面通过运动形式对地主和宗族等势力进行打压，由此国家和集体成为中国乡村“地方公事”的主要承办者，乡贤文化的传承既失去了“乡绅”主体，又失去了“地方公事”的事务载体，日渐消寂。在集体化时期，由于国家和集体对地方公共产品的体制性供给，道路、桥梁等乡村社会的生产生活的基本公共设施需求还是有保障的，甚至在水利建设等领域还取得了前所未有的成绩。就胜村的经验而言，无论村级公路（砂石路）、邓家坝、水力水泵等公共基础设施都修建于集体化时期。

80年代农村改革后，伴随着家庭联产承包责任制的全面推开和社会主义市场经济体制的发展，农村社会分化加大，集体经济势微。与之紧密相关的是，农村公路、桥梁，甚至水利设施的修建与维护等农村基本公共物品供给严重不足，严重影响和制约了村民生产生活。集体经济的势微、市场经济的发展、村庄公共产品供给的不足，为沉寂的“乡贤文化”提供了的复苏的土壤，一方面具有一定文化知识和经济实力的“农转非”群体和村庄富人的崛起，使“乡贤文化”传承有了可能的“乡绅”主体，另一方面，道路、桥梁等公共基础设施的缺少或失修为乡村社会创造了“地方公务”需求，也即创造了“乡绅文化”传承的事务载体。于是，筑路修桥之类的基本村庄公共事务，为包括“农转非”群体在内的村庄精英创造了一个展示自身价值的地方性舞台。

“农转非”群体作为从村庄走出的但仍然具有“文化性村民身份”的村庄成员，村庄对于他们而言仍然是一个价值舞台——只要有条件和机会，他们仍然愿意到村庄展示自己的“价值”。由于地方性筑路修桥是村庄基本的公共物品生产，根据村庄传统，无论是村民还是村庄走出去的在外工作人员（也即“农转非”人员）都被视为有“义务”承担一定的“份子”性捐款。同时，作为村组干部，被认为有“义务”承担此类“地方公事”的组织工作。当某人捐款额度显性地超出“义务”

性的“份子”性捐款额度，或者某人本非村组干部而承担了村组干部才有“义务”承担的“地方公事”的组织工作，则此人往往被视为对地方公事有较大贡献的“乡贤”。因此，有意竞争“乡贤”声誉的村民或者“农转非”人员，就会以较多的捐款或者主动组织“地方公事”的形式来参与竞争。而那些经济能力和组织能力相对较强的村民和“农转非”人员，以及因退休或临近退休而空闲时间相对较多的“农转非”人员往往成为“乡贤”声誉的积极竞争者。因此，“乡贤文化”可视为“农转非”群体参与村庄筑路修桥的内在机制。

此外，“农转非”群体参与村庄筑路修桥还受村庄派系竞争和村庄声誉竞争的影响。胜村村庄内，由于历史原因，一直存在村东和村西两个基于地理位置的派系。① 在村级公路硬化中，明显地显现了村东与村西两个地理性派系的竞争。邓家坝人行天桥的修建则明显受到了村庄间声誉竞争的推动。

---

① 胜村的地理性派系比较复杂，在地方性地理称呼中，除以小组名称呼外，还有“上胜村”和“下胜村”两个地理称呼，分别指称村西与村东，其分界点主要是夏湾组和上升组。夏湾以东（含夏湾）在建国前属于时湾村，上升以西（含上升）则属于老胜村，因此，上升以西（含上升）的胜村常被称为“上胜村”，相应地，夏湾以东（含夏湾）则被称为“下胜村”。但随着时间的推移和相邻的小组之间的村民交叉交往，中间的几个小组逐步分化，对“上胜村”和“下胜村”的认同淡化，在村民的日常性认识中，“上胜村”的核心主要是村西的细屋、排行、瓦屋和余家几个小组，而“下胜村”的核心则主要是合心与朝阳两个小组。在“上胜村”和“下胜村”两个地理性派系的竞争中，“上胜村”长期在村干部的选举和村庄内公共资源的竞争中都处于优势地位。在本书中，笔者把胜村地方性话语中的“上胜村”与“下胜村”用“村西”和“村东”这两个更好理解的名称替代。改革开放以来，村干部主要由村西各小组的村民担任，村西只有2名村民曾短暂担任村干部，此外，新农村建设的农村沼气改造项目、文体设施项目、农业产业项目等主要的政策性项目也都无一例外地落在村西。

第五章　“农转非”群体与村庄春节联欢会

胜村农民春节联欢会是笔者最先了解到的“农转非”群体主导和组织的村庄公共活动，也是至今为止为组织者与村民深以为傲的一项村级公共文化活动。在胜村农民春节联欢会的举办过程中，“农转非”群体发挥着文化精英的作用，他们在建构和传承村庄文化意义体系和维护村庄共同体自治等方面发挥着重要作用。① 本章以访谈资料和文本资料为依据，还原胜村农村春节联欢晚会“举办-停办-再办”的整个过程，分析“农转非”群体在这项公共文化活动中的角色与作用，探讨各个过程中的力量博弈以及对村庄治理所造成的影响。

一、村庄传统公共文化生活的衰落与复苏

根据老人们的回忆，胜村历史上的公共文化生活是较为丰富的。村内主要的公共文化活动有灯会“耍灯”、花鼓戏和放电影等。在新中国成立初期和人民公社时期，余家生产队和瓦屋生产队共有一个狮灯会，

① 胡杨：《精英与资本——转型期中国乡村精英结构变迁的实证研究》，中国社会科学出版社，2009 年版，第 271 页。

吾家生产队有一个龙灯会，上升生产队和下湾生产队则共有花鼓戏班子。同时，紧挨着胜村西头的公社所在地有一个露天的电影院。

狮灯会和龙灯会在每年春节期间举行。一般是正月初五到正月十五，两个灯会挨家挨户地“耍灯”。正月初五称之为“起灯”，正月十五称之为“收灯”。“起灯”和“收灯”都是在灯会所在的生产队存放灯会器物的户主家（值班会首）举行。每年春节灯会“起灯”后，先在灯会所在的生产队，然后是全村，挨家挨户“耍灯”，名之为“耍过灯”。一路上敲锣打鼓，村里的老少，特别是小孩子们，欢呼着跟在后面。每家每户在灯会进门的时候，会燃放鞭炮，然后灯会在每户的堂屋舞狮或舞龙。一位灯会的长老会在堂屋里说一番喜庆的祝语和赞词，名之为“赞好话”。主家则会在舞狮或舞龙的时候、长老“赞好话”的时候和灯会离开家里的时候，陆续燃放鞭炮，并给灯会送上糖果、毛巾之类的礼物。遇有村民向灯会“还愿”①，则灯会会在该村民家“耍灯”一整天，名之为“耍坐堂”。“耍坐堂”比“耍过灯”内容要丰富，不仅会“耍故事”，还会有祭祀活动，也即祭祀“狮王大圣”和“龙王大圣”。“耍坐堂”的主家会举办招待灯会的宴席。因此，“耍坐堂”是一件更隆重的活动，也更受村民的关注，一般都会有很多村民和小孩前来“看热闹”。

胜村的花鼓戏班子，历史较为悠久，在新中国成立以前就有了，随着知情的老人们的离去，已无从考证其源头。花鼓戏班子的主要成员是上升生产队和下湾生产队的村民。花鼓戏一般是在村民婚庆和寿庆上演

① 所谓“还愿”，是指主家在先前年份，向灯会的“狮王大圣”或“龙王大圣”就某事（如生病、生小孩等）“许愿”，愿望达成后，为感谢“狮王大圣”或“龙王大圣”的灵验，而迎请“狮王大圣”或“龙王大圣”来家，请灯会来家“耍坐堂”。此为湘中地区农村常见的民间信仰行为。

出。每当花鼓戏演出时，村里老少村民，甚至外村的村民都会闻讯赶来，好几百人把戏台子团团围坐，场面好不热闹。在人民公社时期，胜村花鼓戏也是公社和大村文艺汇演必备的节目。

胜村西头不远处有公社的露天电影院，在 80 年代以前，看电影一直是胜村及周边村庄村民生活中重要的公共文化活动。每逢六一儿童节、十一国庆节，以及其他重要的日子，露点电影院就会组织看电影。村民们三五成群，一路呼朋唤友，前往露天电影院看电影。露天电影院也是公社在重要的纪念日组织集体文艺汇演的场所，是重要的公共文化中心。除去“耍灯”、看花鼓戏、看电影，偶尔也会有外地的“木偶戏”班子来胜村演出。总之，在胜村的老人看来，在集体化时代，胜村的公共文化活动比较多，公共文化生活也比较丰富。

胜村是在 1983 年解散生产大队，分田到户，实行家庭联产承包责任制的。从家庭联产承包责任制实施到 90 年代初期，集体化时代的“耍灯”、花鼓戏和看电影等公共文化活动还一直断断续续地坚持着。到 90 年代中期，上述公共文化活动基本消失了。取而代之的是“私性文化活动”的兴起，也即看电视、上网等“以个人或家庭私性活动场域为单位而进行的文化活动，目的是为了满足个人的文化需求，不能给其他更多人提供文化享受的文化活动”。① 据村里老人回忆，胜村的第一台电视机是 1985 年，细屋组的 WTN 家买的。后来电视开始逐步在胜村普及，在 90 年代末期，胜村的农户家庭已经基本普及了电视。最开

① 吴理财，夏国锋：《农民的文化生活：兴衰与重建——以安徽省为例》，《中国农村观察》2007 年第 2 期。

始买电视机的主要是经济条件比较好的“半边户”[1] 和村干部，例如上述细屋组的 WTN 家。在笔者所在的朝阳组，根据笔者的记忆，首批拥有电视机的家庭也是两户“半边户”，其中一户人家有人在县氮肥厂工作，另一户人家则有人在县粮站工作。恰如柯克·约翰逊描述的印度农村一样，电视进入乡村社会给村庄生活带来了巨大的变化，并且在刚开始时，观看电视有如观看电影一样，会吸引很多村民前来，并促进村民间的交往。[2] 当电视刚开始进入胜村时，电视可视为电影的替代品，并发挥着组织村民公共文化生活的作用。有农村经历的人，应该能记得上个世纪 80 年代电视刚进入农村时，一家老少和周边邻里一起围坐观看电视的情形。在电视普及后，村民更多是以家庭甚至以个人为单位看电视了，看电视也变成了一种“私性文化活动”。除去看电视，胜村村民最主要的带有文化性的活动可能就是打牌了。打牌往往是相对固定的组合，也即往往是几个熟悉的村民在相对固定的几个村民家里进行的活动。胜村村民的打牌，根据参与者的经济能力“带彩”，也即有金钱上的输赢，输赢一般在几十元到上千元之间，既具有一定的娱乐性质，也具有一定的赌博性质。鉴于打牌的性质，笔者把打牌称为“有限的公共文化活动”，说其“有限”是指参与的人相对固定范围有限，说其是“公共文化活动”则是因为其有一定的文化娱乐性质且超出了个人和家庭范围。

---

① 所谓胜村村民口中的“半边户”，是“四属户”的俗称，指有人在外面的国营单位拿工资的家庭。意思为家庭主要成员一半在单位就职，一半在农村务农，主要指干部、职工、教师、军人在农村（生产队）的农户。例如胜村第一个买电视机的 WTN 自己为县法院工作人员，为非农户口，其妻以及子女为农业户口。

② 关于电视对乡村社会变迁的影响，可参见柯克·约翰逊的杰出的民族志研究《电视与乡村社会的变迁——对印度两村庄的民族志调查》，展明辉和张金玺译，中国人民大学出版社，2005 年版。

随着市场化的发展和村民家庭经济收入的增长，大约从 20 世纪 90 年代末起，胜村公共文化活动以一种“异样”的形式——丧事表演——复苏了。在胜村，老人去世时，除了传统丧事仪式外，都会添加一个“哀悼晚会”，也即丧事主家的亲戚会邀请一些民间“西乐队”在出殡的前一天晚上，在治丧现场表演节目。其节目除了少数与丧事主题有关外，大部分是流行歌舞、相声、杂技、花鼓戏。这使得丧事现场一边是哀乐，一边是歌舞升平，正是在这个意义上，笔者把此类公共文化活动称为“异样形式”。之所以说“异样”，是指内容形式与丧事主题不相宜，甚至冲突，当然这在村民看来是很正常的。之所以说是“公共文化活动”，是因为尽管费用是私人出的，但公开演出，所有人可以来观看。更为重要的是，很多传统的文化形式，比如花鼓戏，也借着“哀悼晚会”这个载体继续存活了下来，甚至在“乐队”的市场竞争下，不断地翻陈出新。与此同时，舞龙舞狮等活动，也借着丧事这个平台复苏了。在出殡时，不仅出现了龙灯、狮灯，还出现了“军乐队”、腰鼓队等各式各样的文化队伍。在胜村，治丧事已经形成了一种竞争，主家和亲戚都竞相攀比丧事表演，村民也往往以丧事表演的规模来评价子女对去世老人的孝顺程度，至于子女在老人生前是否孝顺反而不再是村庄舆论关注的焦点。由于丧事表演成为了村庄内重要的公共文化活动，但又明显“异样”，所以笔者把这样一种公共文化活动的兴起称为“异样复苏”。

当然，胜村公共文化活动除了“丧事表演”这样一种“异样复苏”外，近年来，特别是国家启动社会主义新农村建设战略以来，国家对农村公共文化服务的重视和村民健康意识与文化需求的提高，也使得一些新型的公共文化活动开始在胜村兴起。其中，最为典型的是广场舞。大约从 2007 年开始，广场舞开始在胜村流行。最初，村委会干部邀请了县城一位广场舞教练免费来村培训，后来先学会的部分妇女开始教其他妇女，短短的一年内，广场舞便在胜村蔚然成风。根据笔者调查，目前胜村已有两支成型的广场舞团队，跳广场舞的妇女数量已超过了100人。

二、农民春节联欢会的缘起与发展

（一）农民春节联欢会的缘起

2008年，起源于房地美和房利美两大房屋贷款中介的美国次贷危机，最终发酵为一场全球性经济危机。在中国政府的努力下，中国经济虽然没有遭受致命打击，但在广东沿海地区以外贸为主的企业也受到了巨大冲击。在这场危机下，一场农民工还乡潮出现。作为外出打工大省，湖南的还乡农民工数量惊人。在经济全球化的时代，这场发端于大洋彼岸的经济危机也对地处内陆的湘中胜村产生了影响。这一年，大量在广东沿海打工的胜村人不得不返回家乡。然而，村庄农业生产并不需要这么多的带动力，且这些从沿海回村的打工者也不愿意从事农业生产。于是，这些从沿海回来的胜村打工者纷纷尝试通过各种社会关系在就近的LD市和S县城寻找工作机会。暂时没有找到工作的人，就飘荡在村里，村里活动的人突然之间增多了，这是自90年代开始胜村人大量外出务工之后第一次出现的新现象。

正是在2008年，胜村不少的村民到市里找工作或者走访亲友。本村在市中心医院工作的PMQ家里也就常常有村里的亲邻来访。一些亲邻希望PMQ能提供些工作机会，还有一些亲邻则是与PMQ交流今后如何发展的问题。正是通过这些与村内亲邻的交谈，作为胜村在外工作人士，PMQ 开始思考回村与村民共同探索致富之路的问题。对此，PMQ 在其《一封家书话春秋》中进行了交代：“时间追溯到 2008 年，正当世界金融危机，大批务工人员纷纷还乡。我村有一部分同志常集娄底，希望我为他们找点事做，由于本人不才，没有任何资源，况且能力也有限，仅有的是满腔爱村之心，报恩之情。经过冥思苦想，决定常回家与乡友们共商探索致富之路。”①

农民春节联会在近年胜村村干部向上级政府提交的工作汇报材料中常常占据重要篇幅，在笔者访谈那些组织和参与农村春节联欢会的在外工作人士时也被反复提及，就是在普通村民介绍胜村文化活动时也大多对此津津乐道。甚至，当笔者在 2015 年 10 月，第一次到胜村所属的镇政府向分管文化工作的谭委员了解该镇公共文化服务体系建设情况时，当听说笔者出生于胜村，谭委员马上就说，“你们胜村的公共文化就搞得不错，连续三年举办了农民春节联欢会”。② 事实上，根据调查，正是农民春节联欢会的成功举办，重新激发了胜村的集体意识，并触发了本书在后面要论及的爱心互助会和古桥保护运动。

举办胜村农民春节联欢会的议题，起源于 2008 年胜村在外工作人士 PMQ 在中秋节那天组织的一场聚会交流。受那场全球性经济危机的影响，2008 年大量在广东等地务工的胜村打工人员纷纷返回村庄，平素相对冷清的村庄突然就热闹了许多。当时住在市里的 PMQ 受常常来访的村民的影响，于 2008 年农历 8 月 14 日回到了胜村，经过与村干部的交流，决定在农历 8 月 15 日，也即中秋节这天，约上部分平日里交往较多的返村人员和村民一起聚会。PMQ 把这次聚会称为“中秋茶话会”。由于那天正是中国传统的中秋节，很多胜村在外人士都回到村庄

① PMQ：《一封家书话春秋》，详见附件 4。

② 访谈记录，2015 年 11 月 6 日。

与家人团聚，PMQ和村干部们很容易地邀请到了20多位在村里较有影响的在外工作人士和村民。当天下午，由PMQ请客，买了些水果，在某村民家门前较为宽阔的地坪里用四张方桌拼成了一张大桌子，摆了水果和茶水，20多人围坐一起聊开了。陆陆续续还有经过的村民不断加入。在这番海阔天空的座谈中，大家聊及了村庄发展的问题。不少人介绍了自己知道的外地情况，特别是沿海一些村庄的新风貌。大家觉得当前的胜村不仅与沿海地区的村庄，就是与一河之隔的白村①和周村②相比，也已经远远落后了，必须想办法加快发展。正是在这一问题的刺激下，座谈会与会人员提出了不少如何加快胜村发展的点子，其中就包括了在春节期间组织一场联欢会的提议。

（二）农民春节联欢会的连续三年举办

在“中秋茶话会”后不久，作为曾经当过单位文艺晚会主持人，有一定的文艺晚会组织经验的PMQ开始筹划举办胜村春节联欢会。他与同在市里工作的胜村工作人士市电视台记者XS、某音乐学院教师PWQ、居住在村的退休教师PSP、时任村主任WGC等人又专门就春节联欢会商议了一次。经过商议，决定邀请村里的现任县人大代表WJL、村妇女联合会主任PYH、村党支部书记PGC等人组成春节联欢晚会的筹备小组，并定于2009年正月初四举行胜村春节联欢会，主题定为

---

① 白村地处案水河的上游，村内有个石膏矿开采企业，是全县闻名的经济强村。村支书是石膏矿矿长，用矿山收入的一部分，为村里建设了不少公共基础设施。村民也因就近在矿山上班，人均收入远远高于周边村庄村民，整个村子都比较富裕。

② 周村与胜村隔案水河相望，是建国之前县里第一个地下党支部的第一任党支部书记所在村庄。该村里有十几名建国前的老地下党员，还出过一名中国科学院院士，是全县新农村建设示范村和精神文明建设示范村。

“金牛闹村”①，地点选择上升组PSP家的地坪②。

在确定了春节联欢会的时间、主题和地点后，经费、设备和节目就成为活动成功组织的关键。经费主要通过赞助的形式募集。在PMQ等人的游说下，村内养猪专业合作社的理事长XBH③以合作社的名义赞助了1 500元，在外经商人士湖南某医药公司副总经理SFN赞助了1 500元。设备主要通过租借某民间“乐队”的舞台设备。节目通过各村民小组推荐产生，原则上要求每个小组推荐两个节目，最后由筹备组成员遴选。

胜村将举办春节联欢会的消息，有如一枚在平静的水面炸响的鞭炮，在平静的村庄生活中引起了胜村村民以及周边村庄村民的广泛议论与关注。2009年正月初四，胜村春节联欢会在紧张的筹备和村民的期许下如期举行。联欢会模仿了中央电视台的春节联欢晚会的形式，由在市电视台工作的XS和在外工作人士PBX④的儿子——杭州某音乐学院教师PWQ担任联欢会节目主持人。出演节目的主要是一些年轻的在外人士的独唱、民间“乐队”成员的花鼓戏、魔术、相声、歌舞，以及村庄里两支广场舞队伍的广场舞等。由于此前胜村举办春节联欢会的消息已在胜村和周边村庄传开，出于对这一新鲜事物的好奇，前来观看的群众达300多人。观众把PSP家的地坪围了个水泄不通，甚至一度使联欢会现场前的村级公路交通堵塞，路过的车辆不得不绕道通行。

---

① 公元2009年为中国传统年历的“牛年”，因此，“金牛闹春”象征着迎接新春的吉祥和喜庆。

② 从地理位置上看，上升组位于呈带状分布的胜村的中间位置。筹备组把春节联欢会的场地选择PSP家的地坪，显然考虑了地理位置。

③ XBH为筹备组成员XS的父亲，在90年代曾任胜村村委会主任和县人大代表，并因在90年代组织“公司+农户”的养猪合作社被评选为县级劳动模范。

④ PBX为胜村细屋组在外工作人士，原为S县氮肥厂工会主席。

2009 年的胜村春节联欢会尽管舞台简陋、节目较为简单，但是在村庄内形成了很好的影响。胜村人，特别是那些在外地工作和务工回村过年的胜村人，对村里能举办这样一次春节联欢会很是高兴。胜村人在与外人聊天时，“我们村里办的春晚”成为常被谈及的话题。与此同时，县里和镇上的部门与领导，特别是分管文化的部门与领导也开始关注农民自办春节联欢会这一“新鲜事物”。

有了 2009 年举办春节联欢会的经验，PMQ、PSP 等人又连续两年与村干部一起举办了 2010 年和 2011 年的第二届和第三届胜村春节联欢会。不同于第一届的纯粹自办，第二届和第三届春节联欢会，特别是第三届得到了 S 县委宣传部、文明办、梓门桥镇党委政府、大村总支的支持，各类媒体的宣传报道也跟进，一时间胜村春节联欢会在整个 S 县甚至娄底市都具有了一定的知名度。① 在胜村 2011 年第三届春节联欢会举办时，县委宣传部邀请了省级、市级和县级媒体前来报道胜村春节联欢会，并把春节联欢会刻制成光盘，送给相关文化部门和参演的演员。在 2011 年胜村第三届春节春节联欢会后，县委宣传部长专程到胜村调研农村精神文明建设情况，座谈会上当场把胜村确定为全县社会主义精神文明建设示范点。② 事后宣传部还特地奖励了胜村 10 000 元。镇政府也把胜村春节联欢会列为重要的农村群众性文化活动项目。

---

① 由于镇村两级没有存档，各级媒体对胜村春节联欢会的具体报道不详。但笔者从网上搜索到有关胜村春节联欢会的新闻报道基本可以反映出胜村春节联欢会在当时当地的影响：彭华前：《梓门桥镇多措多举繁荣文化事业》，2011 年 12 月 27 日，华声在线（省级媒体），http：//ld. voc. com. cn/ view. php？ tid-15013-cid-44. html；朱小红：《梓门桥镇农民自办春节联欢会》，2012 年 2 月 1 日，娄底新闻网，http：//news. ldnews. cn/counties/shuang feng/201202/102560. shtml；欧阳海希：《我县开展农村精神文化建设大调研活动》，2011 年 3 月 30 日，双峰新闻网，http：//www. ldsf. com. cn/jinriguanzhu/2011033016502. html。

② 参见欧阳海希：《我县开展农村精神文化建设大调研活动》，2011 年 3 月 30 日，双峰新闻网，http：//www. ldsf. com. cn/jinriguanzhu/2011033016502. html。

三、农民春节联欢会的停办与再办

（一）观念与利益冲突：农民春节联欢会的停办

连续三年举办春节联欢会取得成功后，前三届春节联欢会积累的一些矛盾也逐步暴露并升级，并最终导致 2012 年第四届胜村春节联欢会的停办。

早在 2009 年第一届春节联欢会筹办时，村党支部书记 PGC 一开始就对举办春节联欢会不感兴趣，他认为联欢会之类的文化活动比较虚，也不能给村里带来明显的收益，但也并未明确反对和阻止。当筹备组主要成员 PMQ 建议村党支部书记 PGC 在春节联欢会上致辞时，该党支部书记拒绝了，并推荐村主任致辞。此举被组织春节联欢会的在外工作人士们视为不支持与不配合。故在 2009 年第一届春节联欢会时，村党支部书记 PGC 没有节目任务，而是坐在观众席的一个角落里。尽管在第二届和第三届春节联欢会举办时，村党支部书记 PGC 都参与筹备并致辞。但在第一届春节联欢会时埋下的在外工作人士与村干部的矛盾却一直存在，并持续发酵。两者的主要矛盾一是观念上的，二是具体利益上的。从观念上来看，一方面在外工作人士们认为村党支部书记 PGC 的思想比较保守，在村务治理上观念也比较落后，主要是到上级政府那里去争取项目资源，有项目资源支持的事才乐意做，而以 PMQ 为代表的在外工作人士们则认为只要先做出一些成绩来，上级政府的各种项目资源支持自然会随之而来；另一方面，以村党支部书记 PGC 为代表的村干部们则认为 PMQ 等人举办春节联欢会更多是出于个人兴趣和个人声望的追求，却总要求村干部们支持与配合，并且认为这类文化活动于胜村发展并无实质性的帮助。从具体利益上来说，一方面以村党支部书记PGC为代表的村干部，隐隐地感觉到“农转非”人员的介入，已经威胁到了村干部在村内的权威，并且“农转非”人员时常在言语中显示出对他们村干部的不尊重，另一方面，“农转非”人员则认为自己在举办春节联欢会时已经付出太多，村级财务应该适当承担部分开支，而不仅仅是依靠捐助资金来维持。

这两个主要矛盾在筹备2012年第四届春晚时明显暴露出来。由于前三届的春节联欢会得到了县委宣传部的高度赞赏，并奖励了胜村10 000元现金，镇政府和总支都把胜村第四届春节联欢会作为重要任务来要求胜村村干部，期望把第四届春节联欢会办成一次高规格的农民春节联欢会。胜村村干部们一方面感觉到荣耀，另一方面却感觉到了巨大的压力，所以他们把希望寄托在PMQ和PSP等“农转非”人员身上，希望他们能继续自筹资金把第四届春节联欢会组织起来。同时，以PMQ和PSP为代表的“农转非”群体却认为通过前三届的春节联欢会的成功，已经为胜村争取到了荣誉和上级政府的支持，现在第四届春节联欢会应该由村干部主导，至少村里应该出资金并主动邀请在外工作人士们来组织，以视对之前功劳的承认与尊重。双方就这样静等对方的行动，僵持着。

时间到了2011年底，县里和镇上已经联系媒体，做好了对胜村2012春节联欢会的宣传准备。然而，在胜村，第四届春节联欢会的正式筹备工作仍然没有启动。PMQ仍然在市区一边忙着自己的事情，一边通过电话了解村里的动态和等待村干部的行动。PSP则有点按捺不住了，他走到村党支部书记PGC家，打探村支部书记的口气。PSP提出要村里从县宣传部的奖金中支持5 000元用于第四届春节联欢会的举办，然而村支部书记既不明确拒绝也不明确表态同意，结果，PSP负气拂袖而去。农历 2011 年腊月 25 日，也即离新年正月初四的预定春节联欢会举办日只有不到十天了，村支部书记终于在镇领导的催促下也按耐不住了，与村主任一同来到 PSP 家，要求 PSP 尽快组织春节联欢会，但 PSP 尚在气愤之中，断然拒绝了。

当村支部书记把情况反馈给镇领导，镇领导又反馈给县委宣传部领导后，县委宣传部领导不得不临时决定由某宣传部副部长的老家所在地村庄——青村——赶快接过农民自办春晚的旗子，并由县委宣传部和梓门桥政府支援工作人员和设备举办春节联欢会。于是，胜村 2012 年第四届春节联欢会就这样夭折了，而青村则举办了该村历史上第一届农民春节联欢会，并从此每年都举办春节联欢会，同时也“抢”走了原本属于胜村的“社会主义精神文明建设示范点”。

2015 年，笔者到胜村调研有关农民春节联欢会的时候，所有访谈的对象无不对胜村春节联欢会的停办与“社会主义精神文明建设示范点”被“抢走”深感痛惜。但是不同的访谈对象对春节联欢会的停办的原因则各执一词。村党支部书记强调，“2011 年底我自己的事务实在太忙，以为他们已经在筹办，再说了，我们村都已经辛苦举办了三届，也该其他村办了”。① 组织春节联欢会的“农转非”人员则把春节联欢会停办的责任归咎于村党支部书记，认为“都是那 10 000 元奖金惹得祸”，②“他（村支部书记）是胜村的历史罪人”③。而另一位村干部则强调了更为客观的原因，“那年年底总是下雨，天气不太好，估计来看春节联欢会的群众会比较多，书记主要是担心人太多，怕出安全事

---

① 访谈记录，2015 年 4 月 7 日。

② 访谈记录，2015 年 4 月 30 日。

③ 访谈记录，2015 年 4 月 7 日。

故”①。

（二）发展凝聚共识：农民春节联欢会的再办

尽管，胜村农民春节联欢会已经停办多年，但胜村公共文化活动在PMQ等人的推动下仍然在逐步推进。2013年，PMQ与村委会合作修建的胜村村部顺利竣工并投入使用。新村部一楼为办公与室内运动活动场地，二楼设有农家书屋、书画展览室和爱心互助会办公室，三楼则设了一个60平方米的大会议室兼书画创作室。同时，村部的前坪建有一个小型文化广场，可举行小型文体活动。PMQ还私人花了十多万元对村部后面的河岸塘进行了改造，用水泥混凝土硬化了塘基。他还对自己70年代末在河岸塘塘角建的过滤水井也进行了硬化改造，并在水井边建了一个亭子，名之曰“春归爱心亭”。除了上述公共文化设施硬件建设外，PMQ还花了大量时间写作了一些与胜村相关的诗词文稿，如《胜村概况》《浪淘沙·蓝家河》《七绝·新桥》《渔家傲·秋日偶感》《村歌子·胜村》《君临双梓·长天碧水》《平安十五村·春联》《怀念家长·胜村》《星桥之恋》《星桥记》《菁花满园话胜村》，其中一些装裱后挂上了三楼会议室的墙壁。同时，三楼会议室的墙壁上还挂了马克思、恩格斯、列宁和毛泽东等伟人头像，并且挂了不少PMQ邀请的市里老干部的书画作品。

由于胜村村部有了一定的文化硬件设施，且有一些具有地方特色的文化作品，较之镇里其他村庄的村部，明显具有可参观性。加之，有PMQ这样一个文化人在操办公共文化事务，胜村的公共文化建设在县、镇开始小有名气。在PMQ的努力争取下，2015年7月22日，S县县

① 访谈记录，2015年7月3日。

长、宣传部长等一行领导专程到胜村调研。2015 年 10 月 19 日，在 PMQ 和村干部的筹划下，以庆祝老人节（重阳节）为名义，胜村举办了第一届老年人书画艺术节，邀请市人大一批退休的老领导书画家到胜村进行书画创作，与村内书画爱好者交流，并为村庄的老人写“福”送“寿”。

通过一系列努力，胜村公共文化建设取得了一些明显的成绩，县镇两级政府部门再次重视胜村公共文化建设。在这样的背景下，以 PMQ 为主要代表的“农转非”人员和村干部们越来越觉得有必要恢复举办春节联欢会，以进一步做强胜村的公共文化品牌，把曾经失去的县级精神文明建设示范村荣誉和项目重新争取回来。在 PMQ 等人的精心筹划组织下，2016 年 2 月 11 日，胜村第四届春节联欢会又举行了（图 5.1）。

图 5.1　胜村第四届（2016 年）春节联欢会

有了前三次举办春节联欢会的经验和重新办好春节联欢会的共识，胜村 2016 年第四届春节联欢会在 PMQ 等在外人士与村干部们的精心策划与组织下办得很成功。2016年的春节联欢会在年前就通过“爱心互助会”微信公众平台和胜村微信群发布了《胜村第四届（2016年）春节联欢会预备通知》，把主题定位为“胜村人自己的春晚”，在节目形式和内容上都经过了筛选和排演。“农转非”人员，也即“在外工作人员”，是这次春节联欢会的绝对主力。总导演由PMQ担任。两位主持人，一位是前三届的老主持人“农转非”人员市电视台工作人员XS，另一位则是胜村第一位博士WLL的儿子WH，某军校在校学生。在18个节目中，有8个节目是“农转非”人员或者他们的子女表演的，胜村两名90年代毕业的博士也都登上了舞台，其中在某省直单位工作的PXL（享受国务院特殊津贴专家，博士生导师）作为嘉宾致辞，另一名在外省工作的WLL（高级工程师，全国五一劳动奖章获得者）则独唱了一曲《母亲》。

同时，在春节联欢会的资金筹集上，“农转非”人员也是主力。这次春节联欢会的运作经费全部通过个人捐资筹集，共筹集资金15 210元，其中在外工作人员8 850元，村干部4 000元，村民110元，另有村民捐献花炮10桶。显然，“农转非”人员和村干部是出钱的主力。为了表示对捐助者的感谢，在春节联欢会现场的电子屏上循环播放捐助者的姓名与捐助钱物数额。这种公开的展示形成了对捐助者的名誉激励。捐助者之一的PCF就是看到电子显示屏上显示后，当场捐助了500元（表5.1）。

表5.1　胜村第四届（2016年）春节联欢会捐款（物）名单

姓名	捐款（物）	备注
WC	5 000元	“农转非”人员
SFN	3 600元	“农转非”人员

续表

姓名	捐款（物）	备注
PMQ	1 000 元	“农转非”人员
PX	1000 元	“农转非”人员
PGC	1 000 元	村干部
PJF	1 000 元	村干部
WGC	1 000 元	村干部
PYH	1 000 元	村干部
PCF	500 元	“农转非”人员
PW	花炮 10 桶	村民
WJ	110 元	村民

资料来源：胜村第四届（2016 年）春节联欢会组委会提供。

重新举办的胜村第四届（2016 年）春节联欢会赢得了很好的社会反响。在春节联欢会举办时，大量居住在县城和市区的胜村“农转非”人员特地赶回来观看，胜村和周边村庄的村民也纷纷赶来观看，里三层外三层把春节联欢会现场团团围住，峰值时期的观众有近千人。县委宣传部也专门派了领导过来观看。观看春节联欢会的曾姓副部长评价道：“不简单，一个村有如此文艺晚会。有如此凝聚力，能把网络，把新媒体结合得如此前卫，可以看出村支两委是得力的，村民对于文化生活的渴求是发自内心的。如今大家富裕了，思想上总想有所依托，胜村的丰富多彩的文体活动正是习近平总书记伟大号召在最基层的生动体现。顺应民心，为民造福，才是共产党执政之基。”① 2016 年 2 月 13 日，镇有

① 访谈记录，2016 年 2 月 11 日。

线电视台全程播放了胜村春节联欢会。同时，2 月 14 日，爱心互助会微信公众平台推送了《自办春晚庆新春，精神文明在胜村》的宣传稿，该宣传稿又很快被县委宣传部的两个微信公众号平台分别以《Z 镇胜村都举办第四届春晚了，这个真接地气》和《小山村里大春晚，农民富裕不空虚》的标题推送，不久，新浪网、网易网、雅虎网、中国网等主流媒体几乎都对胜村第四届春晚进行了转载报道。当这些消息汇总在胜村微信群里公布时，胜村人都为自己村庄知名度的提高感到振奋，特别是那些参与了春节联欢会策划与举办的胜村人，更是为自己努力的成果感到高兴。可以说，第四届春节联欢会的成功举办，不仅唤起了胜村的村庄认同感，也使得更多的胜村在外工作人员更加关注自己的村庄。

四、小结

胜村农民春节联欢会是在农村传统文化衰落和大量务工人员回村的背景下，以“农转非”人员为主要组织者，举办的公共文化活动，并且较为成功地吸引了大多数村民的参与。正是由于村民参与和“农转非”群体积极性这两个因素的相互影响，使春节联欢会成功举办了四届，为胜村赢得了地方声誉。正如涂尔干指出的，“通过举行仪式，群体可以周期性地更新其自身的和统一体的情感”。[①] 胜村春节联欢会作为一种集体仪式，周期性地把胜村人集聚起来，激发了胜村人由于集体生活的衰落而逐步丧失的村庄情感与村庄认同。温铁军曾指出，文化领域的合作，投入小、见效快，不以物质利益衡量，是农村中最容易产生

---

① ［法］爱弥儿·涂尔干：《宗教生活的基本形式》，渠东，汲喆译，上海人民出版社，1999 年，第 472-473 页。

合作的领域，重建乡村文化就是增强社区合作意识、合作能力的过程。① 对此以文化建设为切入点，增强农村社区合作意识和合作能力，进而为新农村建设奠定组织化基础的思路，笔者非常赞同。春节联欢会这一公共文化活动在胜村村庄治理中发挥的作用，就是对该思路的经验支持。胜村“农转非”群体正是通过举办农民春节联欢会这一文化活动，增强农村社区合作意识和合作能力，进而为后文将要介绍的爱心互助会建设和古桥保护等一系列村庄公共活动提供了组织化基础。

但是，以文化领域的合作形成的社会性或者民间性文化力量对村庄良性治理的负面影响同样不容忽视。在胜村，主导春节联欢会的“农转非”人员通过春节联欢会这项公共文化活动，赢得了村民的广泛认同与支持，并事实上形成了一定的组织性力量。PMQ、PSP 等核心“农转非”人员，在村民们的认同与支持下，一定程度上形成了社会性组织力量与“民间权威”。显然，这种社会性力量和“民间权威”对村干部的“体制权威”构成了一定的威胁。2012 年春节联欢会，在得到了地方政府的大力支持的背景下，仍然流产，固然有经济利益之争的影响因素，但更多的是“民间权威”与“体制权威”之间的“竞争”与“斗气”直接导致的。这种“农转非”群体通过组织村庄公共事务形成的“民间权威”与村干部的“体制权威”的竞争所产生的负面影响，在后文将要分析的“爱心互助会”和“古桥保护”的案例中还会出现，并在某种程度上可以说是在本节分析的春节联欢会中的两种权威的“竞争”与“斗气”的延续。

那么又该如何解释 2016 年胜村第四届春节联欢会的重新举办呢？

---

① 温铁军，杨帅：《中国农村社会结构变化背景下的乡村治理与农村发展》，《理论探讨》2012 第 6 期。

笔者认为，在2016年胜村重新举办春节联欢会的背景中，又增添了两个重要变量：一是国家资源输入产生的利益整合效应，二是经过从2012—2016年诸多事情的磨合，作为“民间权威”代表的“农转非”人员与作为“体制权威”的村干部们，认识到双方之间存在高度的依赖性。离开村干部的支持，“农转非”人员意欲在村庄举办公益事业，甚至个人事务，都显得困难重重。同时，村干部也意识到，要与其他村庄竞争政府性项目，也需要“农转非”人员的大力支持。因此，国家资源下乡，既有分化村庄力量的一面，亦有整合村庄力量的一面，关键是要看村庄内部的力量结构以及对这种内部力量结构的整合程度。

第六章　“农转非”群体与村庄爱心互助会

在传统中国乡村社会，乡邻间互帮互助和富人帮扶弱势群体是大多数村庄的传统。农村改革以来，伴随着村庄集体生产生活的势微和村庄“公共性”的逐渐消解，村民间生产上的帮工和生活上的互济，逐步被即时性的“利益”交换所替代。对弱势群体的扶助，更多地成为了国家社会保障的责任，例如农村低保、社会救济等。但这只是学者们观察到乡村社会图景的消极面。与此同时，伴随着农村社会阶层的分化，一部分富人群体开始以“民间慈善”和志愿服务等形式，帮扶社会弱势群体。这构成了乡村社会图景较为积极的一面。胜村爱心互助会就展现了乡村社会图景这较为积极的一面。胜村爱心互助会是一个由胜村“农转非”人员为主成立，以“自愿捐助，互爱互助，关爱社会弱势群体，开展社会扶助工作”为基本宗旨的民间慈善组织。胜村爱心互助会在胜村的知名度很高，几乎所有在胜村公共事务中较为活跃的人员都是该组织的会员，特别是“农转非”人员中的活跃分子。笔者也在2015年4月在村庄调研时，通过捐款成为会员，并受爱心互助会负责人的委托，开通并管理胜村爱心互助会微信公众号，由此得以与胜村爱心互助会的主要成员建立较为密切的联系，从而可以内部人视角了解和观察该民间慈善组织的在乡村社会的具体运作方式。

一、组织成立与发展

2008年受金融危机的影响，大量外出务工人员还乡。为了共商村庄发展大计，当年农历八月十五日，“农转非”人士PMQ在胜村组织了一场“中秋茶话座谈会”。在座谈会上，有人提议在村庄成立一个爱心互助组织，以扶助村庄内的一些困难家庭。该提议得到了大多数与会人员的响应。[①] 这是胜村爱心互助会的发端。但是，该提议一直到2011年才开始付诸行动。

2011年2月15日（农历正月十三日），胜村“农转非”人员WG、PZF、PMQ、PSP、WGC、村民XBH、HZM，以及镇驻村干部王某在县城某茶馆相聚召开了爱心互助会筹备会议。在这次筹备会议中，与会人员通过电话邀请了长期热心村内公益事业的在长沙工作的SFN及其在娄底工作的SBZ参与爱心互助会的组建。经过商议，确定了组织的名称为“S县梓门桥镇胜村爱心互助会”（以下简称“爱心互助会”），并成立爱心互助会筹建小组。与会人员当场捐资，筹集了爱心互助会的首笔善款（表6.1），并计划在2天后的2月17日（农历正月十五日）元宵节当天，看望村里的五保户家庭。当天，爱心互助会筹建小组开始以“胜村爱心互助会”的名义，在村庄各主要交通路口张贴《倡议书》（图6.1），利用春节期间在村人员较多的机会，广泛发动捐款。

① 参见附件PMQ：《一封家书话春秋》。PMQ在文中写道“最后提及爱心互助，让我耳目一新，也就有了后来的‘爱心互助会’”。

表 6.1 胜村爱心互助会首笔捐款名单

姓名	捐款	身份
SFN	2 000 元	胜村“农转非”人员，某医药公司副总经理
WQ	2 000 元	胜村“农转非”人员，县某事业单位职工
PMQ	2 000 元	胜村“农转非”人员，市某医院职工
SBZ	1 000 元	胜村“农转非”人员，市某医院职工
PZF	1 000 元	胜村“农转非”人员，镇退休干部
WRK	1 000 元	镇驻村干部
PSP	800 元	胜村“农转非”人员，中学退休教师
XBH	600 元	胜村村民，曾任村委会主任
WGC	500 元	时任村委会主任
HZM	300 元	胜村村民

资料来源：作者根据访谈资料与爱心互助会《爱心赞助名单（首期）》（2011 年 4 月 18 日）核对整理。

2011 年 3 月 12 日，爱心互助会筹备组的 PMQ、SFN、WG、PCF、XBH、WGC 6 人又举行了一次会议，并形成了“爱心互助会第一次会议决议”的书面文件，就资金来源、资金使用范围、资金管理、年度总结等形成了决议。① 其中资金使用范围明确为救助“胜村村民与赞助

① 《爱心互助会第一次会议决议》主要包括五条内容：一、决议在下次会议正式确定名誉会长、会长、副会长，其他工作人员，具体明确分工；二、资金来源：通过宣传发动与会议接受各界资助款，由赞助者亲笔签字，并争取有关部门与单位的赞助；三、资金使用范围：是指胜村民与赞助者发生的重大灾情与困难、本村的五保户、特困户、确实需要救助，由本人出具申请和村上提供书面情况，由互助会集体决议进行实施；四、资金管理：根据赞助款的结余、投入产生效益，原则不动用本金，收益用于救助，负责投入者要对本金与收益的收回负全责；五、年度有关收支情况，数据必须汇总形成文字报告，进行年终分析，确定下年度的工作任务。（以上五条内容为原文表述，笔者注）

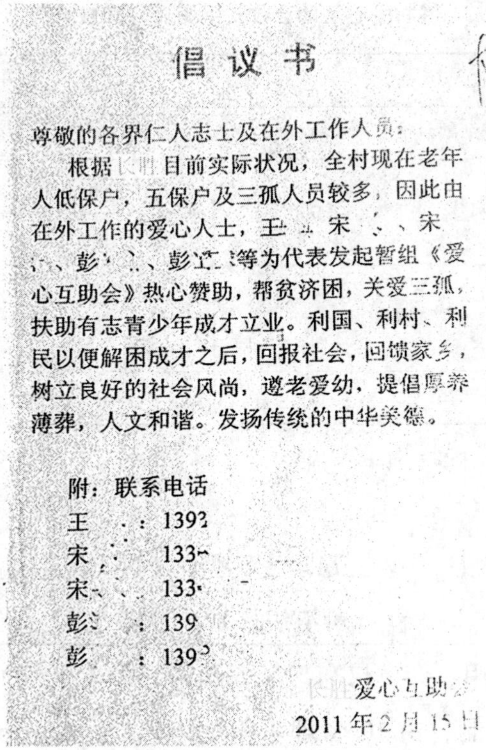

倡 议 书

尊敬的各界仁人志士及在外工作人员：

根据长胜目前实际状况，全村现在老年人低保户，五保户及三孤人员较多，因此由在外工作的爱心人士，王　、宋　、宋　、彭　、彭　等为代表发起暂组《爱心互助会》热心赞助，帮贫济困，关爱三孤，扶助有志青少年成才立业。利国、利村、利民以便解困成才之后，回报社会，回馈家乡，树立良好的社会风尚，遵老爱幼，提倡厚养薄葬，人文和谐。发扬传统的中华美德。

附：联系电话

王　：1393

宋　：133

宋　：133

彭　：139

彭　：1393

长胜爱心互助会

2011 年 2 月 15 日

图 6.1　爱心互助会倡议书

者”中发生的重大灾情与困难的家庭和胜村的五保户与特困户。

2012 年元月 2 日，爱心互助会对一年来的资金募集与使用情况进行了统计。从 2011 年 2 月 15 日起至 2011 年 12 月 31 日，爱心互助会在成立的一年里募集资金共计 44 600 元。累计支出 13 041.5 元，结余 33 558.5元（表 6.2）。

表 6.2　胜村爱心互助会收支平衡表（2011 年度）

<table>
<tr><th colspan="3">收入</th><th colspan="2">支出</th></tr>
<tr><td rowspan="3">其中</td><td>赞助款</td><td>44 600 元</td><td>慰问贫困户</td><td>6 794 元</td></tr>
<tr><td rowspan="2">利息</td><td rowspan="2">2 000 元</td><td>车旅费</td><td>2 054 元</td></tr>
<tr><td>办公用品</td><td>4 002 元</td></tr>
<tr><td rowspan="2">累计金额</td><td colspan="2" rowspan="2">46 600 元</td><td>招待费</td><td>191 元</td></tr>
<tr><td>累计金额</td><td>13 041. 5 元</td></tr>
<tr><td colspan="3">共计结余</td><td colspan="2">33 558. 5 元</td></tr>
</table>

资料来源：爱心互助会档案材料。

2013 年 7 月 23 日，爱心互助会筹建组经过五易其稿，完成了《爱心互助会章程》。该《章程》对组织宗旨、业务范围、组织机构与负责人、财务管理与使用、会员权利与义务等内容做了详细的规定。[①] 爱心互助会实行理事会制，由 10 名理事组成理事会，SFN 当选首任会长，WG 为秘书长。理事会具体组成如下（表 6.3）：

表 6.3　胜村爱心互助会理事会名单

姓名	职务	备注
曾××	荣誉会长	镇干部，90 年代曾作为下派干部任胜村党支部第一书记，共捐资 4 000 元
彭××	荣誉会长	县民营企业家，非胜村人士，共捐资 10 280 元
WFN	会长	胜村“农转非”人员，省某医药公司副总经理，共捐资6 000元

① 胜村爱心互助会：《胜村爱心互助会章程》，2013 年 7 月 23 日。

续表

姓名	职务	备注
WG	副会长兼秘书长	胜村“农转非”人员，县某事业单位工作人员，共捐资 5 000 元
PMQ	副会长	胜村“农转非”人员，市某医院工作人员，共捐资 2 000 元
SBZ	副会长	胜村“农转非”人员，市某医院工作人员，共捐资 3 100 元
PCF	副会长	胜村“农转非”人员，镇干部，共捐资 1 700 元
WGC	理事（财务监管）	胜村村干部（时任村民委员会主任），共捐资 500 元
XBH	理事（日常监管）	胜村村民，县养猪农业合作社总经理，曾任胜村村干部、县人大代表，共捐资 1 000 元
PSP	理事（办公室事务）	身村“农转非”人员，退休小学校长，在村居住，共捐资 800 元

资料来源：爱心互助会档案材料。

2013 年 10 月，爱心互助会筹备组向镇政府申请成立正式的民间组织。经过反复沟通，11 月 12 日，镇政府正式下文，批复同意筹备“胜村爱心互助会”，由镇政府作为组织的业务主管单位和监管单位。① 爱心互助会筹备组拿到批复后，又开始向县民政局申请组织注册登记。

2014 年 1 月 7 日，县民政局正式批复爱心互助会注册登记申请，同意胜村爱心互助会登记注册为县级社会团体法人，业务主管单位为镇政府。② 至此，爱心互助会正式成为合法社会组织。

2014 年 1 月 10 日，爱心互助会理事会集体决议委托镇经管站代管

① 梓门桥镇人民政府：《关于同意筹备 S 县梓门桥镇胜村爱心互助会的批复》（梓政发［2013］8 号），2013 年 11 月 12 日。

② S 县民政局：《关于准予 S 县梓门桥镇胜村爱心互助会登记的批复》（双民发［2014］5 号），2014 年 1 月 7 日。

组织日常运作财务，在银行设立组织公共账号，并将会计业务移交经管站，同时将三本会计原始凭证送交经管站。根据这三本会计原始凭证，2011—2013 年，爱心互助会共筹集收入 73 301 元，支出 39 199 元，结余 34 102 元（表 6.4）。但是，经管站负责爱心互助会的日常财务会计业务，爱心互助会的现金并未全部存放经管站，而是其中 3 万元存放县机关工委，剩余 4 102 元作为备用金由 WG 保管。根据镇经管站提供的证明，截至 2015 年 3 月 30 日，爱心互助会现金余额为 7 999 元，同时，50 000 元存放县机关工委，1 500 元存放胜村爱心互助会在银行开设的组织公共账号上，也即，截至 2015 年 3 月 30 日，胜村爱心互助会有资金总共 59 499 元。

表 6.4　胜村爱心互助会 2011—2013 年度财务收支情况

年度	收入	支出
2011 年度	46 600 元	13 041.5 元
2012 年度	15 400 元	13 981.5 元
2013 年度	11 301 元	12 176 元
合计	73 301 元	39 199 元
结余	34 102 元	

资料来源：爱心互助会档案材料。

2014 年 6 月 8 日，爱心互助会经集体决议，制定了较为具体的财务制度，对捐款入账、财务报账等进行了规范，并明确了"关爱"支出标准（表 6.5）。

表 6.5 胜村爱心互助会财务制度确定的“关爱”支出标准

“关爱”项目	支出标准	备注
新录取大学生资助	500~1 000 元/人次	限本科一批，以录取通知书为凭证
癌症病人慰问	500~1 000 元/人次	
会员家属慰问	50~100 元/人次	
五保户、特困户慰问	100~200 元/户	一年 1~2 次
重困户救助	500~1 000 元/次	需经集体研究决定

资料来源：爱心互助会：《胜村爱心互助会有关财务规定》，2014 年 6 月 8 日。

2015 年 5 月，爱心互助会委托笔者创建并运营该组织的微信公众号。2015 年 6 月 11 日，爱心互助会微信公众号正式上线运行。该微信公众号主要向会员与社会公众公开爱心互助会的爱心活动开展情况，同时宣传胜村公共活动与国家相关“三农”政策。自开通以来，该微信公众号成为胜村人了解胜村公共事务的重要信息窗口。

二、爱心资金筹集

在简要回顾了爱心互助会成立与发展的历史后，本节从资金筹集来考察爱心互助会的基本运作，特别是“农转非”人员在资金筹集上的行动策略。从资金筹集来看，爱心互助会的资金筹集主要有四种途径，并且这四种资金筹集途径有不同的动员机制与筹集形式。

（一）个人捐资：道德机制和“面子”机制的运用

个人捐款主要为胜村“农转非”人员与村民，也有少数与爱心互助会理事成员有一定私交的非胜村人员。个人捐款的动员机制主要是道德机制，也即通过爱心互助会扶助弱势群体和鼓励青年求学的爱心宗旨，唤起潜在捐款人的道德荣辱感和道德义务感，实现资金筹集。由于胜村爱心互助会的扶助范围为胜村的弱势群体和求学青年，胜村的“农转非”人员与村民就成为主要的资金筹集对象。具体的筹集形式是，爱心互助会理事会成员通过个别拜访和组织聚会的形式，向筹款对象介绍爱心互助会的基本情况，特别是介绍既有捐款情况，激发筹款对象的道德荣誉感和道德义务感，从而争取捐款。

一般而言，当爱心互助会理事介绍完情况后，筹款对象就会知晓各位爱心互助会理事前来拜访或者组织聚会的目的，并主动根据自己的情况捐助一定数目的资金。按照爱心互助会秘书长 WG 的说法，“一般当我们把基本情况介绍完，并把捐款名册给他（筹款对象）一看，他就知道了我们的来意，并会根据名册上其他人捐款情况，捐出与他身份相符合的钱”。[①] 在这里，“介绍基本情况”就是说明爱心互助会的性质与意义，从而激发筹款对象的道德荣誉感和道德义务感。因为成立爱心互助会的目的是扶助胜村的弱势群体和求学青年，在地方性道德与意义体系中，支持这一公益性事业，既是个人道德的体现，又是同为胜村人的“义务”所在。同时，“把捐款名册给他一看”，则提供了捐款标准，筹款对象可以参考名单中与自己身份地位相似的人的标准来捐款，这样就能避免因捐款比与自己身份地位相似的人少而失去“面子”，也能避免

① 访谈记录，2015 年 4 月 29 日。

捐款过多而丢了“里子”①，在心理上不舒服或经济上不划算。因此，在这里个人筹款中显然还有“面子机制”在发挥作用。正因为爱心互助会合理地运用了道德机制和“面子机制”，个人筹款总体比较顺利。PMQ 讲了一个例子，2012 年，PMQ 和 PCF 到长沙专程拜访一位从胜村走出去的“农转非”人员——某厅级政府机关一正处级干部。由于他们是第一次去找这位干部，当他们上午达到长沙后，先手机短信联系该政府干部时，该干部回复说在外地开会，要晚上 11 点以后才能回到长沙。PMQ 和 PZF 无法确定该干部是否真在外地开会。他们原本计划下午返回，但接到短信后商议，在长沙再停留一晚，如果第二天上午该干部没有主动电话联系就不再抱希望并直接返回，也不再联系该干部。当天晚上 11 点多，该干部主动打电话给 PMQ，并赶到 PMQ 二人住地，请他们吃夜宵，还捐款 1 000 元。PMQ 和 PZF 大为感动，回村后经常向人说该干部家乡感情深，支持村庄公益事业。显然，这对维持和提升该干部在村庄内的“口碑”非常有利。

在“面子”机制的作用下，甚至有人在捐款过后一段，了解到其他地位与自己身份地位相似的人捐款金额超过了自己后，又主动要求增加捐款。事实上，就是爱心互助会理事中，部分理事在自己第一次捐款后，都增加了捐款，以保持自己作为理事的“面子”。例如 SFN 和 WG 第一次捐款都是 2 000 元，后来又分别增加到了 6 000 元和 5 000 元，SBZ、PMQ 和 PZF 第一次捐款都是 1 000 元，后来又分别增加到 3 100

---

① 在胜村的地方性话语中，“里子”是与“面子”相对应的一个词汇，如果说“面子”是衡量自身在他人心目中或者地方社会里的地位，那么，“里子”则是对自身心理上和经济上“损益”的自我衡量。保持既有“面子”又不失“里子”是大多数人在地方社会中行为的基本准则。当然，也有“打肿脸皮充胖子”的为了“面子”而失“里子”的行为，和“不在乎脸面”这样的为了“里子”而不要“面子”的行为，这两类行为因为有违“在地方社会中行为的基本准则”，而不为地方社会中的其他成员所认同，甚至成为其他成员嘲讽的对象。

元、2 000 元和 1 700 元，XBH 也由第一次捐款的 600 元增加到了 1 000 元（参见表 6.2 和表 6.3）。

当然，在个人捐款的筹集中，道德机制和“面子”机制并非总是能发挥作用。WG 就举了一个让他一直耿耿于怀的事情。2012 年，WG 等人到省会长沙找一位胜村籍个体经商颇有成就的村民筹款。该经商人士开始总是说自己忙，后来，WG 等找到他家里后，他接待也较为怠慢，最后拿出 300 元来捐款。对此，WG 等人很是气愤，拒绝了他捐款，并很快离开。WG 在一次访谈中对我说，“那个人太不像话了，家乡的人为了公益事业老远到你那里，一点都不热情也算了，一个老板拿 300 元，这是打发‘叫花子’的做法啊！”① 不可否认，WG 的说法固然有一定的道理。但是，道德机制和“面子”机制发挥作用的前提是筹款对象仍处于或仍认同村庄这个地方共同体，仍在意村庄舆论对自己的评价。那些在居住地和心理认同上都已经脱离村庄的“村里人”，事实上已经不是“村里人”了，主导地方共同体的地方性行为规则也就对他不再发挥约束作用了。

在爱心互助会通过个人捐款形式募集资金的过程中，不仅有人不在意个人捐款背后的道德机制或“面子”机制，甚至有人质疑爱心互助会理事们筹集资金的动机。在 2012 年，村庄内有传言，爱心互助会的理事们在利用爱心互助会的名义非法集资，亦有人传言爱心互助会是个别理事出于个人目的，甚至个人私利而集资。此类传言让爱心互助会的筹资道德机制，遭受了“道德危机”。这让爱心互助会的理事们很气愤，但不得不回应。爱心互助会理事们的对策是每一笔捐款都让捐款人签字，并张贴“捐款芳名册”，公开捐款名单。这也最终促使爱心互助

① 访谈记录，2015 年 4 月 29 日。

会于2013年开始向有关政府部门申请登记为正式的合法社团，并制定财务管理制度，以制度“合法性”来回应村庄内的不良传言。在2012年6月，甚至发生了这样一件事情，当爱心互助会秘书长WG在村内募捐时，有村民当面质疑WG的行为，并挑衅性地说，“我是不是随便捐多少都可以成为会员，是不是也可以参与监督？”① WG很生气地表示，“捐款按自愿原则，你捐一元钱也可以，只要你捐，我就登记，我就会公开到‘捐款芳名册’上去”。② 于是，在爱心互助会公布的捐款名册上就出现了一个捐款1元的“芳名”。在一次访谈中，WG向我提及此事说，“他（捐款1元的村民）以为他捐1元是为我的难，其实名单一贴出来，出的是他的丑，丢的是他的脸”。③ 在村庄由“熟人社会”向“半熟人社会”转型的过程中，基于公共舆论的村庄道德机制已经不再总是能发挥对村民行为进行约束的作用，那些脱离了村庄公共生活或者不在意村庄公共舆论的村民，可以无视道德机制的存在，甚至以此嘲讽或反制其他意欲运用道德机制来约束他们的人。

此外，爱心互助会理事也会发动个人在村庄以外的社会关系来募集个人捐款。例如，WG就成功地向他一名非胜村的彭姓民营企业家朋友募集到了10 280元的个人捐款，作为回报，爱心互助会邀请该彭姓民营企业家担任爱心互助会的荣誉会长和理事。显然，这笔个人捐款的募集，既发挥了WG个人社会关系的作用，也充分发挥了“道德”机制的作用，也即荣誉会长和理事的头衔对于该彭姓民营企业家而言，无疑是一种道德荣誉上的激励。

通过爱心互助会理事们的四方走访募捐，个人捐款在爱心互助会早

---

① 访谈记录，2015年4月29日。

② 访谈记录，2015年4月29日。

③ 访谈记录，2015年4月29日。

期筹资中占据的比例较大。根据爱心互助会 2011 年 4 月 18 日的“捐款芳名册（首期）”，胜村爱心互助会共募集资金 29 800 元，其中 25 000 元为胜村“农转非”人员。① 但是，由于胜村爱心互助会是一个主要以胜村为范围的地域性民间慈善组织，其个人性筹资对象有限，难以形成长期持续筹资。按照 WG 的说法，“不能总要个人献爱心，（他）献了一次，第二次再去找他就说不过去了”。② 故爱心互助会在继续寻求个人捐款之余，开始拓展资金筹集渠道。

（二）组织捐款：“合法性”机制和个人社会资本的运用

爱心互助会的理事大都有较为丰富的社会资源。在通过个人捐款募集资金的同时，爱心互助会的理事们也开始利用自己的社会资源，向各类政府机关和企事业单位募集资金。WG 是爱心互助会的秘书长，其父亲曾是县法院的法官，其大弟也在县内政府机关工作，他自己也一直在县内事业单位工作，故 WG 是爱心互助会中向各类政府机关和企事业单位募集资金的主力。WG 与县关工委领导私交甚好，也是他力主将爱心互助会的主要资金存放到县关工委，故县关工委向爱心互助会捐款 3 000元。县供销系统是 WG 自己的工作单位，在 WG 的努力下，县供销系统向爱心互助会捐款 2 500 元。同时，WG 也利用自己在县委党校的私人关系，说服县委党校领导以单位名义向爱心互助会捐款 1 500 元。此外，爱心互助会理事 XBH 作为村内养猪合作社的总经理，也利用个人影响力，以村养猪合作社的名义向爱心互助会捐款 1 000 元。

与募集个人捐款是运用的道德机制或“面子”机制不同，爱心互

① 此数据为作者根据 2011 年 4 月 18 日胜村爱心互助会《爱心赞助名单（首期）》整理。

② 访谈记录，2015 年 4 月 29 日。

助会理事们在向各类政府机关和企事业单位募集资金时运用的主要是“合法性”机制和个人社会资本。在此，所谓“合法性机制”主要是指，爱心互助会理事以报告的形式，向拟募资组织陈述募集资金理由，也即用“扶助弱势群体和求学青年”这样一个“合法”的理由（在中国现有体制下各类政府机关和企事业单位，特别是这些机关或单位的工会和关工委在资金使用上都有一定的就“社会救济”等社会公益进行支出的权限），接受申请报告的拟募资组织就可以“合法”地进行捐款。同时，爱心互助会理事个人的社会资本，也即与拟募资组织领导之间的私交，又为这种“合法”捐款提供了动力与“润滑剂”。显然，这类向组织募集资金成功与否的关键，主要是爱心互助会理事们社会资本的丰富程度，具体而言，就是爱心互助会理事们与拟募集资金组织的领导人的私人关系的亲密程度。也正因为如此，此类资金募集的成功，在爱心互助会内部，被归功于具体负责运作募集资金的理事个人。这也直接影响到具体的理事个人在爱心互助会理事会中的权威与地位。

（三）政府项目资金：财政资金的“套取”

2006年，农业税全面退出历史舞台，新农村建设战略全面推开，这标志着国家财政从对农村“汲取”向“反哺”的转型。在“反哺”的过程中，财政资金的转移支付与使用，呈现出明显的“专项化”特征，也即分配资金越来越依靠“专项”或“项目”的方式进行，这被学者称为“项目治国”。[①] 在此背景下，以涉农项目为载体，大量财政资金投入农村，这被学者称为“项目下乡”。[②] 在村庄治理层面，“项目

① 周飞舟：《财政资金的专项化及其问题——兼论“项目治国”》，《社会》2012年底1期。

② 李祖佩：《项目下乡、乡镇政府“自利”与基层治理困境——以某国家级贫困县的涉农项目运作的实证分析》，《南京农业大学学报（社会科学版）》2014第5期。

下乡”激化了村际间政府项目的竞争，村庄治理也越来越依赖政府项目资金。在笔者调研的胜村所在乡镇，公共基础设施建设比较好的村庄，基本上都是能争取到政府项目的村庄。同时，能否为村庄争取到项目，也成为村民评价村干部能力的重要标准。为了争取项目，村干部们需要充分动员自己的社会资本，村庄的“农转非”人员，尤其是在政府机关任职的“农转非”人员往往就成为村干部依赖的重要力量。

在2011年以前，为了鼓励村庄到市县政府部门争取项目，镇政府一度允许把村庄争取到的项目资金的一定比例作为“联络经费”，用于争取项目过程中所花费的差旅和礼品等开支，甚至默许村干部把争取到的项目资金的一定比例用于个人开支。于是，各村庄间围绕争取项目展开了激烈的竞争。但在2011年，为了项目规范资金使用，镇政府取消了上述特殊政策，规定所有支出都必须按项目资金管理要求，用于指定的支出科目。尽管如此，由于在财务报销上仍然存在空间，同时，大部分的村集体基本没有其他集体经济收入，因此各村庄之间围绕项目竞争的激烈程度并没有弱化的趋势。

爱心互助会理事们中大部分理事都是长期活跃在农村社会的精英，自然知晓“项目下乡”所蕴藏的资金收入机会。但是，由于各类政府涉农项目资金，都指定了专门的用途，不存在“合法”转拨给爱心互助会这类民间慈善机构的通道。事实上，大部分的涉农项目资金的接收主体都是村委会，各村庄争取到的涉农项目资金也都是划拨到村委会在镇经管站的账户上。因此，爱心互助会理事们就算能通过个人社会资本争取到项目，也必须通过村委会这个中介才能实现资金到帐。事实上，2014年，爱心互助会理事们就以村委会的名义成功地运作到了一个20 000元的项目，最终，村委会分4 000元，剩下16 000元作为爱心互助会的筹款收入。在爱心互助会的“捐款芳名册”上，这笔资金的捐助主体被标注为政府部门。

显然，此处的爱心互助会资金筹集途径中的政府项目资金不同于前面的“组织捐资”，因为它是爱心互助会通过与村委会的合作，以村委会的名义，通过个人社会资本运作，筹集或者说“套取”的资金，只是“套取”资金是用于爱心互助会慈善事业。

（四）企业赞助：商业机制的运用

企业赞助主要是指爱心互助会与企业合作开展一些爱心活动，实现企业产品宣传和良好的公众形象塑造与爱心互助会爱心资助的双赢合作。2015 年 6 月，爱心互助会的微信公众号开通。由于爱心互助会微信公众号作为一个自媒体具有一定的传媒价值，这成为爱心互助会吸引企业赞助的重要影响因素。例如，2015 年 6 月 27 日，爱心互助会与“小样小乳酸”县级代销商在县城联合举行了慈善义卖活动，义卖所筹的善款，一部分由商家捐助贫困学子，一部分则捐给了爱心互助会。2015 年县城某培训学校负责人通过爱心互助会到胜村看望慰问贫困家庭，直接向贫困家庭捐款捐物，并向爱心互助会捐款 2 000 元。这些活动，爱心互助会都撰写了通讯稿，发布在爱心互助会公众微信号平台上，这在一定程度上宣传了赞助企业，有利于赞助企业产品知名度和组织公众形象的提高。通过组织这些企业与爱心互助会的合作爱心行动，合作企业都以捐款的形式赞助了爱心互助会，这构成了爱心互助会资金筹集途径之一。

显然，企业赞助是爱心互助会在市场经济下运用商业机制筹集资金的一种途径。其背后的机制，既有道德机制，也有利润机制。道德机制是这种合作爱心行动，满足了企业负责人的道德荣誉感。利润机制则是这种合作爱心行动也有利于提高赞助企业产品知名度和组织公众形象，与企业追逐自身利润的根本目标相一致。正因为如此，自爱心互助会微信公众号开通和爱心互助会成功募集了几笔企业赞助之后，爱心互助会一名理事表示，“以后要发动更多的老板参与爱心活动，这种形式比找个人捐款要好多了”。①

三、爱心活动类型

根据爱心互助会的章程，爱心互助会的爱心扶助范围主要是胜村范围内的贫困户、新录取大学生、癌症病人，以及爱心互助会会员中需要扶助的人。但在实际运作中，爱心互助会的爱心活动并非完全与章程规定的一致。根据笔者的调查，爱心互助会的爱心活动总体可以划分为以下几种主要类型：

（一）关爱村庄困难户

节日慰问村庄困难户，突出爱心互助会对困难群众的关爱，是爱心互助会最为常规的爱心活动。在最开始时，慰问的范围、次数和支出标准，以及购买的慰问物资都是几个组织慰问的理事临时决定，并无统一标准，组织与管理较为松散。为了规范慰问贫困户这一爱心活动，2014年6月8日，胜村爱心互助会制定了具体的财务制度，明确了困难家庭慰问的范围为胜村的五保户和特困家庭，慰问次数为一年1~2次，支出标准为100~200元。爱心互助会一般会在每年的元旦、中秋、元宵等节日慰问村里的五保户等困难家庭。每次慰问都统一标准，捐助困难家庭一定的物资，如面条、大米、食用油、月饼、元宵（汤圆）等。

① 访谈记录，2015年11月8日。

例如，2011年2月17日，也即爱心互助会筹建的两天后的元宵节，爱心互助会就以WG和PZF作为代表，看望慰问了胜村18名“五保”人员和生活困难的老人，每人两斤“元宵”和一瓶食用油；[①] 2011年12月30日，元旦节的前一天，爱心互助会组织了一次看望慰问胜村贫困户的爱心活动，根据村委会提供名单，WG和WGC作为爱心互助会的代表，看望慰问了胜村13户贫困户，每户送大米30斤和食用油4.5升。[②] 2016年元月2日，爱心互助会理事WG、WGC邀请县关工委办公室主任胡某、村委会主任PQF一起，看望慰问了胜村五保户，给每位五保户家庭送去40斤大米和一桶食用油。

（二）奖励村庄大学新生

扶助有志青年是爱心互助会筹建时就确定的组织宗旨之一，在具体操作中这一宗旨的实现主要是奖励胜村每年新考上大学的大学新生。由于胜村历来有重教的传统，每年考取大学新生的数量较多。[③] 在爱心互助会刚成立的前几年，凡属考上本科以上大学的大学新生，爱心互助会都予以奖励，金额则根据当时爱心互助会资金的情况决定。但由于爱心互助会掌握的信息不全面，同时，也并非所有村民知晓爱心互助会有奖励大学新生的“政策”。在最初的几年，在理事们不知情的情况下，几个考上本科的大学新生没有奖励，就有村民质疑爱心互助会只奖励理事

---

① 胜村爱心互助会爱心：《2011爱心行动关爱名单（第一次）》（内部资料），2011年2月17日。

② 胜村爱心互助会：《2011年度慰问贫困户花名册》（内部资料），2012年元月5日。

③ 据村干部提供的估计数据，自20世纪50年代胜村（其时为胜村大队）成立以来，胜村籍大中专学生有100多人，其中本科以上有50多人，硕士研究生16人，博士研究生5人。正因为如此，胜村村委会2010年在县道大梓路进入胜村的路口修建了牌坊，上书“欢迎来到胜村新村——博士之乡”。

们所在的村民小组的大学新生。为此，爱心互助会在 2014 年 6 月 8 日制定的财务制度中明确规定，只奖励考上本科一批的大学新生。2015 年 8 月，当该年的高考录取结果出来后，处于慎重起见，爱心互助会理事打电话给笔者确认该年胜村学生考上本科院校是否为本科一批院校。确认后，由爱心互助会会长亲自登门为考上本科一批的两名大学新生送上奖励资金，并通过爱心互助会微信公众号予以公布和宣传。

（三）慰问村庄重症病人

疾病，特别是重大疾病，是导致农民家庭贫困的重要原因。有重症病人的家庭也往往成为村庄内的贫困户，成为需要关爱的弱势家庭。从爱心互助会的运作来看，重大疾病救济并没有成为爱心互助会的组织目标，也超出了爱心互助会的资金支持能力。爱心互助会慰问村庄重症病人的慰问金支出标准是 500～1 000 元，显然，这主要进行情感上的慰问。按照爱心互助会秘书长 WG 的说法，这主要是“弘扬社会正能量，表示社会对弱势群体的关爱”。根据爱心互助会提供的资料，截至 2014 年 12 月 30 日，爱心互助会慰问胜村重症病人 11 人，其中癌症病人 2 人，中风病人 2 人，瘫痪卧床病人 7 人，每人慰问金 500～1 000 元不等。①

（四）牵线爱心助学

除了爱心互助会自有资金奖励大学新生外，爱心互助会还有一个爱心助学活动是为社会爱心人士和贫困学生牵线搭桥。牵线爱心助学，事实上是爱心互助会秘书长 WG 在募集爱心资金中的“副产品”。WG 成

---

① 爱心互助会：《胜村重症病人名单》，2014 年 12 月 30 日。

功牵线的第一桩爱心助学，是笔者在胜村调研期间完成的。2015 年 4 月 30 日，WG 邀请笔者出席他一个朋友在镇上的超市的十周年店庆。在店庆活动期间，WG 与参加店庆的一名郑姓饮品经销商聊上了。WG 向该郑姓经销商介绍了爱心互助会的情况，希望郑姓经销商能捐资并成为爱心互助会的会员。显然，该郑姓经销商对爱心互助会持将信将疑的态度，不愿意直接捐资给爱心互助会，但又不愿意直说，更不愿意表示自己“没爱心”。该郑姓经销商说，他一直有资助贫困学生的想法，并且想长期直接资助 1～2 名贫困学生，问 WG 有没有这样的贫困学生的信息。WG 听他这么说，就表示会帮他去物色符合条件的贫困学生。当天下午，WG 就通过电话，联系他在本镇黄村当村支书的老同学，询问他们村是否有合适的贫困学生。当得知黄村里有一名正在读高一的贫困生后，第二天，WG 和笔者就前往黄村了解情况，并要黄村村支书就贫困学生的情况写了一份情况介绍并加盖村党支部的公章。后来，WG 又把黄村村支书出具的情况介绍交给郑姓经销商，并一同到黄村考察了贫困学生的家庭情况。郑姓经销商在考察完后，同意资助这名贫困生，表示资助该贫困学生高中到考上大学的所有学费。经过这桩牵线活动，WG 与郑姓经销商建立了良好的关系，后来二人还一起举行了一次爱心义卖活动，并且，该郑姓经销商也成为 WG 慰问胜村困难户的重要物质赞助方。第一桩牵线爱心助学的成功，给了 WG 很大的启发与鼓励。后来，WG 又陆续完成了几桩爱心助学牵线事务，并表示将把牵线爱心助学作为爱心互助会今后发展的方向之一。

除上述四类主要爱心活动外，爱心互助会还组织了其他爱心活动。这些活动有一个共同的特点，就是以爱心互助会的名义，慰问一些在对村庄有影响力，特别是对爱心互助会发展有影响力的老人。这些老人，有些是老党员，有些是老村干部，有些则是对村庄发展有过贡献的在外

“农转非”人员中的老人或者“农转非”人员的父母。例如，根据爱心互助会提供的资料，2011 年 4 月，爱心互助会慰问了一批老人，包括曾经对村庄发展做过贡献的胜村在外老同志 5 名（礼品慰问）、生活有困难的老村干部 1 名（送日常用品）、临近村庄的解放前老地下党员 2 名（600 元）。① 其中，临近村庄的 2 名解放前老地下党员是指，2011 年 4 月 5 日，爱心互助会筹备组两名成员应邀与镇驻村干部和总支书记一道参加了临近的一个村庄的一次党员、组长和村民代表会议，在会议上向与会的该村庄党员群众“传经送宝”，并代表爱心互助会向该村庄的两名解放前的老地下党员捐款 600 元。② 此类爱心活动主要是维持和巩固组织的社会资源，故慰问的对象基本都是对胜村或者爱心互助会有过支持和帮助的人士或者有一定乡村政治影响力的人士。

四、小结

从胜村爱心互助会的成立、发展、筹资和活动开展来看，爱心互助会是一个以胜村“农转非”人员为主体，以“扶弱”和“助学”为基本目标，以胜村为主要活动范围，具有互助性质的民间慈善组织。由于主导的“农转非”人员具有一定的组织管理经验和商业经营经验③，胜村爱心互助会实际运作中融合了现代社会的“理性组织”理念和“商业运作”理念。所谓“理性组织”理念，是指爱心互助会较为重视组织建设，使其符合现代社会组织的基本要求。例如，建立规范的组织制

① 胜村爱心互助会爱心：《2011 爱心行动关爱名单（第一次）》，2011 年 4 月 18 日。

② 《水洲村党员、组长、村民代表会会议记录》，2011 年 4 月 5 日。

③ 爱心互助会在实际运作中有两个骨干，一是作为秘书长的 WG，他长期县供销系统工作，担任过多个县供销系统中层管理职务，二是作为会长的 SFN，他一直在医药市场打拼，目前是某省级医药公司副总经理。

度、通过民政局注册登记、委托镇经管站代理会计业务、重视财务公开、建立组织微信公众号和重视组织宣传等。所谓“商业运作”理念，是指爱心互助会在运作中借鉴了市场经济中常见的企业赞助等市场运作手段。这两种理念融入组织建设，使得胜村爱心互助会与传统乡土常见的社会组织有明显的区别，在组织运作与发展上也呈现出较强的生命力，募集的捐款越来越大，爱心活动开展的范围与形式也不断拓展，社会影响也水涨船高。当然，对于爱心互助会组织建设中体现出“理性组织”理念的现象，固然与主导的“农转非”人员具有一定的组织管理经验这一事实有一定的相关性，但是，还有一个不容忽视的原因是——爱心互助会在其发展过程中不断遭遇了来自村民、“农转非”人员，甚至政府部门的质疑。因此，在组织建设中融入“理性组织”理念或者推动组织的“理性化”也是爱心互助会理事们回应各方面质疑的一种策略，甚至可以说是各方面质疑的“倒逼”所致。正是由于爱心互助会的理事们在组织建设中融入“理性组织”理念或者推动组织的“理性化”，爱心互助会逐步赢得了其组织合法性，不仅有政府部门注册登记的法律程序支持，还在其经由微信公众号而获得的信息公开性基础上逐步获得了大部分胜村人的信任与支持。

胜村爱心互助会这个由“农转非”群体主导民间慈善组织，一方面显现出具有“理性组织”理念和“商业运作”理念这样的现代社会特征或者说现代性特征；另一方面，由于其内生于乡土社会的“乡土认同”理念，其慈善活动所针对的对象有明显的社区排他性和主观选择性，是一种“对‘熟人’的慈善”。[①] 换言之，爱心互助会开展的系列爱心活动主要是对“胜村人”这一特定身份人群的慈善性关爱，在“胜村人”中又往往是依据关爱对象与负责具体操作的爱心互助会理事自己的人际关系的远近来选择具体的关爱对象。这一点特别表现在对除“五保户”和“考上一本大学生”这两个具有明显的标准的关爱对象以外的困难家庭的关爱上。由于爱心互助会的理事都出生于村西，村西的困难家庭以及和爱心互助会理事们关系较好的村东困难家庭，往往被反复关爱。村东则有部分困难家庭没有被纳入关爱对象。这导致胜村部分村民对爱心互助会的不满，甚至在笔者调研时有村民曾专门找到笔者反映这个问题。事实上，这种“对‘熟人’的慈善”是与乡土社会人际关系和社会交往的“差序格局”在民间慈善活动的具体体现，可称之为“民间慈善的乡土逻辑”。由此可见，爱心互助会这一乡土性民间慈善组织并非纯粹的慈善组织。爱心互助会的成立与建设都与作为管理者的理事们以及作为捐款者的会员们意欲在生养他们的乡土社会寻找着个体价值或者竞争乡土性价值权威有着直接的关系。“农转非”群体无疑是爱心互助会理事会和会员群体的主要成员，他们积极参与爱心互助会的实践行动，在一定程度表明，村庄仍然是他们追求的人生价值的重要

---

① 学者张文根据“利他行为的等级秩序”把社区慈善区分为“对‘熟人’的慈善”和“对‘陌生人’的慈善”的两种形式，他指出：“人们的援助行为总是首先考虑血缘亲属，其次扩大到拟血缘的姻亲，再次扩展到地缘的邻里，然后是朋友、同事，最后才是陌生人。这一特征可以被称为人际关系优先等级，由此构成一个同心圆模式，即：个人处于这个同心圆的中心，外圈依次是血亲、姻亲、邻里、朋友、同事、陌生人。一是对‘熟人’的慈善，一是对‘陌生人’的慈善。所谓对‘熟人’的慈善，是指对特定身份人群的慈善。即：慈善主体在实施慈善行为时更多地是依据慈善客体与自己的人际关系的远近而决定行动的；所谓对‘陌生人’的慈善，是指对非特定身份人群的慈善。即：慈善主体在实施慈善行为时不以慈善客体与自己的人际关系远近为主要参考依据，而是主要根据慈善客体的实际需要实施其慈善行为。”参见张文：《社区慈善：两宋民间慈善活动的空间结构》，《中国社会经济史研究》2005 第 4 期，第 32-40 页。

面向。

胜村爱心互助会的成立与发展为胜村“农转非”群体和村民的村庄认同提供了组织和活动平台。相对于具有官方色彩的村民委员会，作为民间组织的胜村爱心互助会对胜村“农转非”群体和村民具有更强的亲和力。通过捐款加入胜村爱心互助会成为众多胜村“农转非”人员、外出经商与务工人员关心与“回馈”家乡的重要形式。在一定程度上，在胜村的村庄舆论中，向爱心互助会捐款成为衡量“农转非”群体和村民对村庄“家乡情感”和“道德责任”的标志之一，也成为“农转非”群体和村民在村庄场域中是否有“面子”的重要表征。爱心互助会作为社会组织开展的爱心活动为一些弱势群体，如五保户、重症病人等，提供了一定的经济和物质上的帮助，是政府提供的社会保障和社会救济的有力补充，丰富了村庄公共产品的供给。因此，就胜村爱心互助会的经验而言，由“农转非”群体发起和运作的村庄性民间慈善组织，对于提高村庄认同和丰富村庄公共产品供给都具有积极作用。同时，爱心互助会也为“农转非”群体参与村庄治理以及竞争村庄权威资源（“面子”、影响力等）提供了重要的“舞台”。

第七章 “农转非”群体与村庄古桥保护

2013年6月，围绕一座古桥的保护议题，胜村发生了一件维权性抗争事件。事件的一方是镇政府和村委会干部。事件的另一方是胜村村民。但无论是事件发端、事件过程，还是事件的结束，都与胜村的“农转非”群体密切相关，甚至可以说“农转非”人员是该事件重要的发酵者。

一、星桥：交通要道与文化符号

从镇上出发，经县道DZ路到D村处，右手边有一条直达胜村的岔道，前行约3百米就到了蓝家河。河上有一座小桥，过了小桥就是胜村公路，也正式进入胜村地界。在2013年6月以前，小桥是一座石拱桥——星桥，一座距今近300年历史的古桥。2013年6月以后，石拱桥被拆毁，并在石拱桥原址修建了一座钢筋水泥筑成的现代桥——新桥。

（一）作为交通要道的星桥

据考证，星桥，始名禹公桥，由大村彭氏十二世祖禹生公于清朝康熙54年捐资修建，后来被称为星桥。星桥初为人行石拱桥，桥长六丈、宽一丈二，有二墩三拱，桥面和阶梯都是由青石板铺成，两旁有高约两尺的条形青石砌就的护栏。作为蓝家河上少有的石拱桥，星桥一直是连接两岸的交通要道，并且历经两百多年风雨仍坚固如初。

20世纪50年代，出于生产生活的需要，为把经过星桥的人行道改为可供机动车行驶的公路，当时的基层政府以星桥为基础，拆除了两岸阶梯，续以石拱，把桥面拉直，把星桥改为公路桥，但老星桥的基本架构仍在，桥也仍称之为星桥。改为公路桥后，星桥的交通功能大为拓展，阶梯变为平面更便于人行，同时还可通车辆，大大便利了两岸的交通。

星桥原有青石护栏只有约两尺高，青石板桥面亦都有磨损，考虑到星桥是胜村外出的必经之处，无论是小学生前往大村中心小学过桥，还是各类机动车出村过桥，星桥仅两尺高护栏和光滑磨损的桥面都构成严重安全隐患。20世纪90年代，村委会在青石护栏之上又续以砖和水泥，把护栏高度升高到1.5米，并在原有桥面上覆盖上一层水泥路面。

总之，由于星桥处于进出胜村的要道之上，无论其为人行桥，还是公路桥，都是与村民生产生活密切相关的交通基础设施。正由于其重要性，星桥的每次改造都成为村庄重要的公共议题，牵引着大多数村民，甚至牵引着胜村在外工作人员的眼球与神经。

（二）作为文化符号的星桥

星桥历史悠久，地处要道，并且关联宗族记忆。久而久之，对于胜村人而言，星桥已不仅仅是一个简单的物理交通设施，还是一个重要的文化符号。它承载胜村人的村庄记忆和彭氏族人的宗族象征，甚至乡土社会的乡贤传统。

星桥是村庄记忆的文化地标。对于从小在胜村长大的大多数胜村人而言，星桥承载了太多村庄生活的记忆。星桥是上学路上难忘的嬉戏地点，是每年蓝家河汛期“捞鱼”和钓鱼的河流参照地标。同时，作为出入胜村的交通要道与可视性地理标志，“外出，过了星桥就出了胜村；回家，过了星桥就回到了胜村”,① 在流动性空前增强的背景下，星桥更是成为有关胜村人村庄记忆的具象表征和在外游子“乡愁”表述的具体对象。

星桥是彭氏族人的宗族象征。星桥是由大村彭氏十二世祖禹生公于壬寅康熙 54 年捐资修建，始名禹公桥，后来才被称为星桥。禹生公是康熙年间的儒林郎，也是彭氏迁入胜村的开支先祖，因此，对于胜村第一大姓氏——彭氏——族人而言，星桥是彭氏族人缅怀先祖的重要纪念物，是彭氏族人的宗族象征。

星桥是乡贤传统的物质表征。星桥的捐资修建人彭禹生既是彭氏迁入胜村的开支先祖，也是胜村乡贤第一人。彭禹生是清康熙年间地方知名的开明绅士，不仅捐资修建了星桥，还组织修建了大村彭氏的祠堂(现 D 村总支处)，也是地方其他公务的积极组织者。在胜村，彭禹生其人其事，口口相传已有三百年余年，后世乡贤亦皆以其为楷模，甚至热心公益的精神都被称为“禹生公精神”②。因此，在胜村的地方性知识中，星桥在某种程度上成为了乡贤传统的物质表征。

---

① 引自《小编按》，胜村爱心互助会微信公众号：《S 县 Z 镇大村胜村 · 禹公桥（星桥）变迁史》，http：//mp. weixin. qq. com/s？_ _ biz = MzA4OTk0OTU5NQ = = &mid = 400546089&idx = 1&sn = c68dda1e02cc408d0b112b0b3a3449d9#rd。

② 在 2013 年 6 月星桥被摧毁后，胜村“农转非”人士 PSP 就专门撰文《古桥毁了，禹生公精神毁不了》，以海报形式张贴在胜村各交通路口。详见附件 1。

二、护桥：保存与重修之争

时间进入21世纪，随着经济社会的发展，处于进出交通要道上的星桥，虽曾两经改造，但越来越难以满足胜村村民生产生活的交通需要了。大约从20世纪90年代开始，胜村开始了第三次“建房潮”①。村民新建住房样式以两层以上“小洋楼”为主，材料多用红砖、水泥、钢材、砂石等。与此相伴随，大中型运输需求在乡村社会的大量出现，这些运输需求对路面的要求迅速提高，水泥硬化路面成为村庄的“脸面”，是各村庄富足程度的重要象征。正是从20世纪90年代开始，胜村先后进行了村级公路拓宽改造和水泥硬化改造，到2015年时，各村民小组也基本实现了水泥硬化路“户户通”。

在胜村进行道路改造时，星桥是必经之“关卡”，却存在技术和资金的困难，因此星桥改造屡屡被提上村庄公共议题。在久经重型车辆碾压之后，2010年，星桥终于成为了“危桥”。基于安全考虑，镇政府不得不在星桥两边，树立“危桥，禁止大车通行”的警示牌。从那时起，星桥也只能通行小型轿车、摩托车和行人。2013年，通过村委会的申请，“星桥”作为“危桥”被列入镇“危桥改造计划”。具体计划是拆

① 根据笔者的访谈与观察，湘中农村的“建房潮”可粗略地分为四波：第一波是20世纪50年代初到60年代，可称为土改后的“翻身房”，房屋结构主要为一层的“土胚砖（简单烧制或未经烧制）+木梁+红瓦（简单烧制）”房；第二波是20世纪80年代中期到90年代，可称为家庭联产承包责任制实行后的“改革房”，房屋结构主要为一层或两层的“红砖+木梁+青瓦或机制瓦”，另在住房之外建有家畜圈舍；第三波为20世纪90年代后期到21世纪初，这时期可称为“致富房”，房屋结构主要为两层以上“红砖+钢筋水泥”混合结构，并外墙贴有瓷砖，内墙粉刷，二楼以上甚至贴有地砖，同时，一般配有专门的厨房、卫生间，被称为“小洋楼”；第四波则是大概于2010年以后开始出现，现方兴未艾的城市别墅型房屋建设潮，主要是在外经商致富村民回村兴建，其区别于第三波“建房潮”的重要特点是重视“别墅”的个性化设计。

除星桥，在原址重建水泥拱桥。当时，大多数村民对此计划并不知情，也没有重视。后来，星桥要被拆除的消息在胜村传开，一场保卫古桥的集体行动就此开始酝酿。

从 2013 年 4 月开始，星桥要被拆除的消息开始在胜村广为流传，并成为村民关注的热点话题。因为星桥是彭氏先祖禹生公捐资修建的，最先提出星桥应该继续保存的自然是彭氏族人。彭氏祠堂在 20 世纪 50 年代被拆除后，星桥在某种意义上就成为彭氏族人最重要的宗族认同载体了。退休在村居住的“农转非”人员，原中心小学校长 PSP 具有较高的文化水平，在村内也有一定的影响力，成为保护星桥方的主要意见领袖。

以“农转非”人员 PSP 为主的彭氏族人提出，星桥是彭氏先祖捐资修建的古桥，有很长的历史，应该予以保存，而对于交通问题，可以采取道路取直的方式，在星桥下游约 30 米处重建“新桥”。当 PSP 等人向村委会干部和镇政府领导反映情况并提出建议后，被明确拒绝。原因是星桥拆除重建方案已经列入政府计划，且换址修新桥的方案涉及两岸水田征用等难题，并且所需资金太大。在此背景下，以 PSP 为首的彭氏族人开始积极行动，谋求改变政府决策，保护古桥。

要保护星桥，就必须有正当合适的理由，仅仅因为星桥是彭氏先祖修建就应该保护，于理于法都不能理直气壮。通过主张保护星桥的村民的广泛讨论，有人提出星桥已有近三百年历史，应该属于古建筑，要保护星桥就需要到上级文物管理部门寻求帮助。此提议可为保护星桥提供法律依据，且有可能得到上级政府部门的支持，很快成为共识。于是，2013 年 5 月上旬，村民 PLW① 决定前往市文物管理局咨询情况，并寻

① PLW，出生于 20 世纪 70 年代，上升村民小组组长 PSC 的小儿子，曾长期在省会“跑的士”，现主要在村里搞运输。

求帮助。PLW 到市里后，先到胜村在市里的“农转非”人员 PMQ 家，并向 PMQ 和当时正在他家做客的胜村“农转非”人员 SFN 介绍了村里关于星桥拆建的情况。PMQ 和 SFN 都认同星桥应该保护，PMQ 还提出星桥是胜村今后发展生态旅游的重要资源，必须努力争取保护。

当天，PMQ 与 PLW 一同前往市文物局。文物局工作人员在了解情况并查阅了资料后，给出了“星桥尽管历史悠久，但没有在前几次文物调查时登记为文物，故文物部门不具备干预的权力和依据”的答复。同时，通过在文物局的咨询，PLW 和 PMQ 了解到，星桥从法理上可列入古建筑保护之列，但是由于在前几次文物管理部门进行的文物调查中，胜村村委会都没有把星桥作为古建筑上报。具有反讽意味的是，蓝家河上游睦村有一座历史不及星桥的古桥，在村委会的申报后，已经列为古建筑保护单位。因此，此番到上级文物部门的咨询与寻求帮助，尽管没能找到护桥的法律依据，但找到了村委会干部失职的“罪状”。PLW 从文物局带回的消息，进一步激发了村民保护星桥的积极性。尽管星桥没被列入古建筑保护单位，但的确属于古建筑。同时，村民对村干部在星桥保护事务上的失职也引发了村民的不满。

在护桥者们积极寻求保护星桥的办法的同时，镇政府已经开始启动星桥拆除工作。2013 年 5 月底镇政府委托的星桥拆除重建施工队到星桥考察了现场。6 月 15 日，施工队开着挖掘机，带着施工队伍再次来到星桥，准备施工。在计划施工前，鉴于星桥是一座有近 300 年历史的古桥，施工队还按照地方习俗，在星桥举办了一个简单的“祭桥”仪式，以求拆桥施工安全。施工队的“祭桥”仪式，引来了不少村民的围观，也引来了护桥者。最终，在护桥者的阻止下，施工队在“祭桥”仪式后，没有施工就离开了。但施工队的到来与“祭桥”仪式的举行，加剧了护桥方保护星桥的紧迫感。

星桥第一次拆除施工被阻止后，镇政府意识到，星桥拆除难以按预期的计划顺利进行。为确保星桥拆除重建计划能如期进行，镇政府在村里交通要道张贴了公示，表明星桥拆除的必要性与合法性。与此同时，镇政府通过村干部传出风声，暗示护桥者如果组织拆桥施工是违法行为，将受到法律惩罚。

为了在村内向村民宣传保护古桥的价值，广泛发动村民参与保护古桥的行动，同时打消村民参与护桥的顾虑，2016 年 6 月 19 日，以 PSP 为主的护桥方起草了一篇文稿，以红底黄字的大海报（图 7.1）形式，张贴在村内各交通路口。海报内容赞扬了镇政府修新桥的决策，明确提出了“保古桥修新桥”的主张与理由，并试图唤起村民，特别是彭氏族人护桥的积极性，打消护桥的“违法”担忧。

修桥是好事　支持

护桥是好事　不违法

历经三百余年的古老星桥，至今彰显着前辈们的力量、智慧，彰显着前辈们大义凌然、造福人类的崇高精神，彰显着激励后人奋发向上的丰功伟绩，彰显着眼光长远的英雄壮举！昭著着近 20 代人，为民争光，做好事、做好人的精神支柱！

可想星桥始建于康熙 54 年（即公元 1710 年），那时没有公路，更没有启动机、吊机，没有车船、挖机，单看这些难以数清的石头，有的上千斤重，全靠人的肩膀、双手，从很远的地方运来建桥，难度可想而知！

古桥历时三百年，受过上千次大水的冲击，经受了无数风雨的敲打、剥削。今天还能承载无数大小车辆的碾压，足以显示它的威力作用，足以显示它的稳固精神。修星桥是先辈们精神伟大、智慧伟大！后辈敬仰！

为何不保桥！护桥！?

三百年后的今天，国强了，民富了。随着经济的发展，古老的桥要经受近百吨车辆通行，难免有问题！村、镇决策修新桥确是造福当代人的大好事，人民何不支持！定会举双手赞成！

可是人民也听到过“人过大梓桥想念李顶尧”的赞语，仅30年成为咒语，看到了大梓桥仅20年成为危桥的现实，看到朱津大桥成为危桥的现实……难道先辈们千辛万苦的伟业，三百年后还显作用，毁在我们这一代人手里？我们又可以看到新修的桥30年、60年后成为危桥，自己后辈不骂我们是忘恩、忘祖的败家子吗？到时不成为后悔莫及的千古罪人吗？

何不两全其美？修新桥，保古桥。

修新桥，着眼长远，弯道改直，路面加宽，利在当代，惠及子孙是上策！

保古桥，作为便桥，告慰先灵，也让后辈们仿效先辈造福后人发扬光大，也防恐新桥30年、60年……古桥又可垫着千千万万的行人过往，又载着大小车辆通行，不更好吗？因此，保护古桥是好事，不违法！

先辈们修路架桥的美德，三百年后，有人歌颂，“冒险”保护，千年后，有人歌颂著书立说，应感欣慰！

当今又有村、镇领导发扬前辈精神，虽是慷国之强，集民之力是好事，桥修好了，人民不会忘记，过往的大小车辆不会忘记，特别是那些开大车、重车的人更不会忘记！千个支持！

可说明的是，桥下的杂物三百余年来原有吗？治病治根本，药下错了造成大害，控制淤塞，疏通河道是关键。

防大水，拆除古桥也不是办法。

我们恳切地希望修新桥的决策者们权衡利弊，顺应民意，一条两全其美的新桥展现在人民眼前！

图7.1 护桥宣传海报

在张贴海报宣传的同时，PSP、PMQ、PLW等护桥方人员，经过商议，决定向镇政府打一个报告，以反映村民的意见，以给镇政府施加民意压力。2013年6月21日，PSP执笔，以“护桥的人民”的名义起草了一份报告（图7.2），准备由PSP前往镇政府，递交给镇领导，争取镇政府改变决策，采取“修新桥保古桥”的方案。该报告在策略上首先高度赞扬了镇政府修新桥的决策，之后才提出了保存古桥的理由。

报 告

事由：与时俱进修新桥 顺应民意保古桥

尊敬的×××镇党委、政府：

时代在发展，社会在前进。根据经济的飞速发展，中华复兴，能让重车通行，重修大村新桥势在必行。着眼长远，加宽路面，改直弯道，减少安全隐患是全社会共同责任。修好新桥，功在当代，利在千秋。

保存古桥，彰显民族精神，昭著后人，便民便利，也防恐新桥30年后出现故障，又发挥古桥作用。大村彭氏第十二代彭公禹生大人，在三百年前那样的年代，独举义旗，独自修桥，慧眼长远，致使古桥今天仍能够承受大小车辆的碾压，天地可嘉，后人赞叹！

尊重现实，敬仰先人的十代，十几代子孙，怎不冒险保护！

特书此报告，请求党委、政府权衡利弊，作出决策，保古桥，修新桥，特此报告。

护桥的人民

2013年6月21日

图7.2 “护桥的人民”向镇政府递交的报告①

然而，镇政府的行动比护桥者预料的还快，6月22日上午，正当PSP准备在前往镇政府递交报告时，镇施工队再次来到星桥，准备对星桥进行强制拆除。闻讯而来的村民40多人骑车或步行陆续来到现场，

① 此资料为笔者2015年4月在胜村调研时从PSP处得到的存档资料。

阻止施工队施工，并与施工队发生了语言上的冲突，但没有发生肢体冲突。这次阻止施工，再次以施工队撤离的形式收场。

在连续两次施工被阻后，镇政府意识到必须采取更为有力的行动以防止出现恶劣的群体性事件。6 月 23 日，镇政府派出以镇长和总支书记为代表的工作队到村内做思想工作。工作队组织村民召开座谈会，解释了星桥必须拆除的原因，并告诫村民，阻止施工是违法行为，政府可以追究刑事责任。镇政府工作队拟找护桥骨干分子进行个别谈话，但 PSP、PLW 等则“恰好”外出办事，不在村庄。当时，PMQ 正好在村里，镇政府工作队显然知道 PMQ 也是护桥的积极主张者，并且在村内具有相当的影响力。故镇政府工作队与 PMQ 进行了交流，希望 PMQ 能配合镇政府的工作，并告诉 PMQ 第二天会有施工队来强制拆除星桥，并且会有公安和武警前来维持秩序。

2013 年 6 月 24 日上午 9 点，在 20 多名公安武警的陪同下，县交通局、县公路局、镇政府等工作人员，以及拆桥施工队一行 50 多人，浩浩荡荡来到星桥。同时，闻讯而来的胜村护桥老少村民亦有 20 多人聚集在星桥等候，其中就有 PMQ，但 PSP、PLW 都没有来。看到政府人员和施工队在公安武警的陪同下走过来，试图护桥的胜村村民看到这阵势，也都有点胆怯，无人敢站出来。气氛显得有些尴尬，县镇工作人员的领导脸色也很是凝重。此时，看情况不对，PMQ 主动走出人群迎上，向政府来人大声说，“欢迎县镇领导前来胜村指导星桥危桥改建工程”，并回头，示意人群中自己的侄儿燃放鞭炮。鞭炮一响，前来的县镇工作人员，也眉头一舒，上前与 PMQ 握手打招呼。与此同时，胜村试图阻工护桥的村民也知道大势已去，没有人站出来阻止，由“护桥人”转变为“围观者”。

在施工队两台挖掘机的操作下，古老的星桥很快就被拆除了，成为胜村人记忆中的“历史”。轰轰烈烈的“保护古桥运动”以戏剧性的形式宣告“失败”。但对于为什么保护星桥失败，参与或转入“星桥事件”的当事人却各有表述。PMQ 事后在访谈中，回顾“星桥事件”时，说“当时大势已去，无力挽回了，我必须站出来保护村民，当时公安手铐都带来了，搞起来吃亏的最后还是我们村的村民”。① PSP 则把失败归结于村干部，特别是村支书，“他（村支书）拿了施工队的好处，生怕好处跑了，太不负责任，是村里的罪人!”② PLW 则反复强调，“村里人不齐心，口头上都说要保护星桥，遇到事情都不敢站出来了”“村干部不行，没得用”。③

三、念桥：留在文本上的纪念

尽管星桥已经拆除，但“星桥事件”，特别是星桥被拆除的事实，在相当长一段时间内成为不少胜村人，特别是积极参与了“保护古桥运动”的护桥者们心中的“痛”。PMQ 和 PSP 作为村庄内两个“文人”，则试图通过写下一些文字来进一步表达他们各自的观点或者对星桥的纪念。

星桥被拆除的第二天，也即 2013 年 6 月 25 日，PMQ 写了一篇文稿《一场相向而行的争议看今日胜村》④，并以海报的形式张贴在村主要交通路口，试图采取折中的方式，既安抚护桥的村民，也试图缓和或调解部分村民与主要村干部之间因“星桥事件”而生发的矛盾。

---

① 访谈记录，2015 年 11 月 7 日。

② 访谈记录，2015 年 5 月 4 日。

③ 访谈记录，2015 年 12 月 14 日。

④ 参见附件 2，PMQ：《一场相向而行的争议看今日胜村》。

PSP 亦写了一篇文稿《古桥毁了，禹公精神毁不了》，也以海报形式张贴到村庄主要交通路口，表达自己的愤怒，以及对政府和村干部的不满与批判。PSP 的文稿，措辞激烈，批评亦直指政府官员与村干部。[①] 他的海报贴出不久，就被村支书撕毁，为此，PSP 专门到村支书家理论，把村支书大骂了一顿。从此，PSP 与村支书的关系降到“冰点”，PSP 亦经常在村内公开批评村支书。

此外，PMQ 还专门写了两篇文稿《星桥记》和《星桥之恋》，纪念星桥，并把这两篇文稿装裱，挂在村部三楼的会议室（图 7.3）。同时这两篇文稿也通过胜村爱心互助会微信工作号进行了推送，为大多数具有一定文化水平的“胜村人”所熟知。

星桥记

天堑当道，民之所大患也。一水阻隔，万人裹足不前，虽至亲亦鲜往来。尤洪涛暴发，苍苍兮，泱泱兮，民徒望而兴叹。虽屡禳解[①]，终未遂愿。所赖有急公好义者，苦斯民之苦，急斯民之急，欲解斯民之困。

壬寅康熙五十四年，京城儒林郎，望春彭氏，十二世祖禹生公欣然捐资建桥于蓝家河上，始名禹公桥，后曰星桥。桥长六丈、宽丈二、拱高丈欠。二墩三拱，桥面、梯阶皆以板石铺就，两旁以条石为栏，挡住绘以“双龙戏珠，飞龙起舞”之雕刻，雄矣壮矣，轮哉奂哉。自是水尽其利，桥益其民：朝霞映波，夕照镀影；紫燕凌空，群鹜戏水；四塞顿开，八方逢源；村寨捷通，乡邻互便。昔大禹疏江河九州畅，今天堑变通途万民欢。修桥即修德，渡己先渡人，禹生公之义举也。寒暑递更，斗转星移，兹桥虽历三百载而仍屹立如初。时过境迁，适逢改革开放，望春人欲更架幸福新桥，再奔康明之新路，然因路贲而桥颈，当必修之是时也，禹生公之贤

① 参见附件 1，PSP：《古桥毁了，禹公精神毁不了》。

后[②]，深明宏义，以大局为重，遂同当政者重塑新桥于故桥之址，盖寓继往开来之桥之意也。

于兹桥也，固美其创之者有功于人，复美其因之者之有利于世。一创一因者，皆出众公之首，是何可不传播与远近，且告诸将来耶！

癸己年邀授为之《星桥记》[③]

［注］①禳解：水神。

②禹生公之贤后：禹生公故后的有识之士。

③授：LD 一中三位教授 OYCS、YHJ、CXB。

图 7.3　悬挂于村部会议室墙壁的《星桥记》

《星桥记》为文言文。在该文本中，捐资修桥者禹生公之德、星桥之美，以及修新桥的合理性都被强调，也即集“颂德”“记物”与“论证”于一体，却有意“省略”了拆古桥修新桥过程中的矛盾与冲突，强调后修新桥者与捐修古桥者在“功德”上具有一致性。

星桥之恋

洪流阻断千秋涝，远望山河尽寂寥

夏禹横空铺彩卷，虹桥再度看今朝

望春今大村星桥，位于蓝家河上，始建于公元一七一六年。由大村彭氏家族中的杰出代表十二世祖禹生公捐资兴建：二墩三拱，青石板梯阶和桥面、方条形石栏，长 19.6 m、宽 3.8 m、拱高 2.7 m，距今已有 297 年历史了。

自通桥之日起，它就承载着祖辈们的希望，满怀儿孙们的喜悦，方便了千万人的出行。给子孙后代播下了无限追思与憧憬；它历经风雨洪水的侵袭，八方过客的匆匆践踏，仍然屹立如初。

文革中期，路桥改造，车辆通行，卌年碾压，亦无大碍。但随着时代的变迁，形势的发展，昔日这座贯穿南北，誉满江南，雕刻着精美图案

“双龙戏珠，飞龙起舞”的青色石拱桥，现已完成了它的光荣使命。从此，它将永远定格在历史的长河中，消失在茫茫的河野上，印刻在大村人们美好的记忆里。

别了，星桥，几多相思几多情。

重塑，新桥，留与后人再续文。

图 7.4　悬挂于村部会议室墙壁的《星桥之恋》

《星桥之恋》为白话文，更多突出了对星桥的纪念与依恋，以详细的描述以使后人知晓星桥的风貌，以拟人的笔法突出星桥于地方人民的功劳，但同样“省略”了拆古桥修新桥过程中的矛盾与冲突，以简单的“别了”与“重塑”排比句式，暗示星桥的拆除与新桥的修建为一个性质相同的延续过程（图 7.4）。

因此，PSP 和 PMQ 两人留下的关于星桥的纪念性文本，前者更多是批判性的，纪念的重点是修古桥的禹生公与试图保护古桥的“护桥者”，批判的重点则是“当权者”；后者则更多试图在调和或“省略”矛盾的前提下，纪念古桥以及古桥的捐修者禹生公。文本上的区别，无疑是 PSP 和 PMQ 两人在保护古桥运动中的立场和角色的直接反映。作为反对者的 PSP 和作为调和者的 PMQ，在护桥失败后，继续以文本的形式展示自己的立场，并为自己的行为辩护。

四、小结

胜村古桥保护行动是一次由胜村“农转非”人员参与甚至主导，以保护村庄古建筑为目标，以镇政府和村干部为抗争对象的村庄集体性小型社会行动。这次社会行动缘起于镇政府和村干部在没有广泛民意调查基础上决议对星桥这一于胜村有着文化价值的古桥拆毁重建。如果没有人意识到和重视星桥作为文化符号对于胜村人的文化价值，那么这也许就是一次普通而常见的“危桥改造”决策和施工。恰恰是由于胜村部分“农转非”人员和村民具有一定的“文物”意识、维权意识和行动能力，才使得这次原本普通而常见的“危桥改造”决策和施工发酵为一次具有抗争性质的维权性社会行动，并且差一点酿成具有破坏性的群体性事件。

在这次维权性社会行动中，具有相对较高文化水平、社会见识和社会资源的PSP和PMQ无论在行动的发起、发酵还是平息中都发挥了十分关键的作用。PSP作为退休在村居住的“农转非”人员，率先意识到了星桥作为彭氏族人先祖捐资修建的古桥于胜村有着与普通桥梁不一样的文化价值，先后向村干部和镇政府提出了“保古桥修新桥”的建议，并通过串联与“海报”宣传的形式发动了大量“保古桥修新桥”的支持者。在建议无果后，PSP又作为幕后人物之一，组织村民实施了阻止施工的行动，并且在整个社会行动过程中不改初衷，一直是维权方的重要代表与组织者。居住在市里的PMQ，则是在来访的村民告知情况后，才“卷入”这次维权性社会行动，并且随后成为维权方骨干。但PMQ在镇政府领导晓以利害后，改变了对这次维权性社会行动的形势判断，从而成为调和维权方与施工方冲突的关键人物。事后，PMQ亦撰写了宣传“海报”和《星桥记》等文稿安抚村民情绪和纪念古桥。

由这次古桥保护的维权性社会行动可以看出，“农转非”群体尽管户口已经迁离村庄，但是他们仍然与村庄具有千丝万缕的关联，并且具有他们自己和村民都认可的“文化性村民身份”。基于这种“文化性村民身份”，他们对作为胜村“文化符号”的星桥有着与村民一样的情感与认同，甚至基于自身社会地位，他们身上还具有比一般村民更甚的保护星桥的责任感和使命感。由此可见，“农转非”群体仍是村庄治理不可忽视的主体和力量，甚至由于他们具有相对较高的社会地位和文化素质，他们在村庄治理中的作用可能会更大。

第八章 “农转非”群体参与村庄治理的行动逻辑

在工业化、城镇化的总体趋势下，对绝大多数农民而言，摆脱农民身份，进入城镇，追求更好的生活无疑是理性的选择。从农村流入城市的人口，大体可分为两类，一类是户籍身份仍然为农民的进城人员，习惯上称为“农民工”；另一类是已经转变户籍身份的进城人员，也即本书的研究重点——“农转非”群体。这两类进城人员，无论是否在城镇有了稳定的住所和职业，他们都仍然因前文已经分析的“生于斯的文化表达”“长于斯的村庄记忆”和“连与斯的亲缘关系”而与村庄有着千丝万缕的联系。但是，“农民工”还乡，主要是因为家庭需要、劳动能力退化等原因，且他们在农村仍然有现行农村土地政策保障其承包地和宅基地等现实的利益。村庄是他们生活最后的保障，他们返乡仍然具有村庄的“法律性村民身份”。显然，“农转非”群体与“农民工”是有明显的区别，他们回村固然也可能是受家庭、年龄等因素的影响，但他们已经没有了村庄的“法律性村民身份”，他们参与村庄治理有不同的“行动逻辑”。本章在前文案例描述与分析的基础上分析“农转非”群体参与村庄治理的行动逻辑，也即“农转非”群体为什么参与村庄治理，他们参与村庄治理的行动实践是在什么样的社会背景下发生的，以及这种行动实践对村庄治理产生了怎样的影响。

一、行动动力：身份认同、价值展示和利益驱动

“农转非”群体作为已经“摆脱农民身份”的人群，他们为什么仍然关注村庄并参与村庄治理？结合前文的案例研究，笔者认为主要有三个原因：一是身份认同使然；二是个体价值展示的内在驱动；三是具体利益的驱动。

（一）身份认同

身份认同是个体或群体对于“我”或者“我们”是谁，归属于何种群体，以及我/我们与他/他们的关系的一种心理评判或者心理定位。每一种具体的身份认同，都是以我/我们与他/他们的关系为参照的，是在差异基础上的共同认识。在现实生活中，个体往往具有多重的身份，也就有多样化的身份认同。“在我们不同的归属与社会关系中，我们每个人都在不断地决定何者更为优先，哪怕只是在下意识地这么做”。[①]“决定何种更为优先”就是一个身份选择与评判的心理过程。身份认同是行动者获取意义的源泉，行动者在某个社会结构下所采取的行动，往往不是对于该结构的直接反应，而是经历了认同的中介作用。[②] 个体之所以按照某种身份的要求去行动，是他在心里认可这种身份。因此，身份认同是理解行动者行动实践的重要维度。

---

① ［印］阿马蒂亚·森：《身份与暴力：命运的幻想》，李风华等译，中国人民大学出版社，2009年版，第5页。

② 卢晖临，潘毅：《当代中国第二代农民工的身份认同、情感与集体行动》，《社会》2014年第4期。

身份认同具有自我认同和社会认同的两重面向，是自我认同和社会认同互构的结果。自我认同是指自我发展的过程，通过这一过程，个体形成了对自身以及对周围世界的关系的独特感觉和意识，自我认同强调个体的独特性；社会认同是指他人赋予个体的属性，将该个体与具有相同属性的其他人联系起来，社会认同强调群体的共同特征。身份认同是有关个体与他人的同一性和差异性的认定。① 简言之，身份认同既是个体对自我身份的心理定位，也是他人基于某种共同属性对个体属于某一群体的心理定位。

“农转非”群体是一个特殊的群体。户口迁出村庄并转为城镇户口的现实，使他们丧失了由农村户口衍生的“法律性村民身份”，也即根据《中国人民共和国土地管理法》和《中国人民共和国村民委员会组织法》等法律法规，他们不再享有村庄土地承包经营权、宅基地使用权、集体收益分配权、村民委员会选举权等户口在村庄的村民在能享有的法律权利。但由于“农转非”群体曾经生养于村庄，村庄是他们家族生衍的地方，在“农转非”人员的自我认同中，他仍属于村庄。同时，在村民看来，“农转非”群体尽管户口已经迁出，但是他们只是“本村在外工作人员”，他们仍然是“本村的自己人”。正因为如此，“农转非”人员进入曾经“生养”自己的村庄是“回乡”，村民们见到“农转非”人员进入村庄，也会说“你回来了啊”，而不会说“你来了啊”。因此，“农转非”人员，尽管丧失了村庄的“法律性村民身份”，但是他们仍然拥有村庄的“文化性村民身份”，也即在文化上，他们仍然被视为村庄的“自己人”，只不过是村庄的“在外工作人员”。从胜村的经验来看，“农转非”群体和村民共享着“胜村人”的身份认同。

---

① 卢晖临，潘毅：《当代中国第二代农民工的身份认同、情感与集体行动》，《社会》2014年第4期。

“胜村人”是在胜村这片土地养育出来的人们的共同称呼，而不管其户口登记所在地是否为胜村。显然，“胜村人”的身份认同是超越了“胜村村民”这一“法律性村民身份认同”的“文化性村民身份认同”。正是“胜村人”这一“文化性村民身份认同”把“农转非”群体和法律意义上的村民整合为一个共同体。

“文化性村民身份”的身份认同，意味着对于“农转非”群体而言，村庄在一定程度上承载着他们的人生价值。人不仅是有生命的存在物，而且是价值性的生命存在。① 价值取向是个体内心关于事物对自己、对社会的意义和重要性的认知倾向，它规定着个体的行动和态度。② 价值取向是人们所持有的态度和所采取的行动的深层结构。价值取向不是先天具备的，而是个体在长期的社会化过程中养成的。

“农转非”群体都出生于村庄，有或长或短的村庄生活经历。这些经历是他们社会化过程的重要阶段，形塑了他们的村庄情感，也在一定程度上养成了他们的价值取向。尽管“农转非”人员为了自己的生计和发展，通过“农转非”摆脱了农民身份，甚至大部分人进城生活和工作，但是，这并不意味着他们断绝了与村庄的关联。基于“生于斯”的文化表达、“长于斯”的村庄记忆和“连于斯”的亲缘关系，他们仍然与村庄有着千丝万缕的关联。甚至，由于远离和“不在场”，村庄于“农转非”群体的价值更加凸显。“故乡情怀”“游子情节”“乡愁情愫”等都是这种价值的文学化“呈现”。正因为如此，“农转非”群体尽管离开了村庄，但是仍然心系村庄，关心村庄，因为他们仍然具有村

---

① 宋宝安，蒲新微：《论当代中国老年人的心理特点与生存价值》，《社会科学战线》2005年第5期。

② 寇彧：《论个体价值取向发展与其道德权威影响源的关系》，《北京师范大学学报（人文社会科学版）》2001年第1期。

庄的“文化性村民身份”。在条件具备的情况下，这种“文化性村民身份认同”就有可能转化为“农转非”群体参与村庄治理的行动实践。换言之，“文化性村民身份认同”既是“农转非”群体和他们参与村庄治理的行动实践的心理中介，也赋予了这些行动实践以价值意义。正是在此意义上，笔者认为“文化性村民身份认同”构成了“农转非”群体参与村庄治理的基础动力。

（二）价值展示

人类是有价值追求的动物。人“活着”不仅仅是以“活着”本身为目的，还追求“活得有价值”或“活着有价值”。“活着的价值”不仅需要“自我认可”，还需要“他人认可”。“活着的价值”需要“自我认可”，意味着个体会基于自己的价值取向选择一种有价值的生活方式。恰如戈夫曼对“自我呈现”的定义——“个体在普通工作情境中向他人呈现他自己和他的活动的方式，他引导和控制他人对他形成的印象的方式。”①“活着的价值”需要“他人认可”，则意味着个体需要通过“自我呈现”，向他人“展示”自己和自己的生活方式，并试图引导和控制认可自己和自己生活方式的价值。换言之，“活着的价值”需要“他人认可”，意味着个体需要向他人展示自己“活着的价值”。从展示的内容来说，个体向他人展示自己“活着的价值”，包括展示地位、财富、权力等“自我认可”的价值。从展示的对象来说，个体向他人展示自己“活着的价值”过程中的“他人”，既包括“陌生人”也包括“熟人”。“富贵不归故乡，如锦衣夜行，谁知之者”。项羽的这段话，

① ［美］欧文·戈夫曼：《日常生活的自我呈现》，冯钢译，北京大学出版社，2008年版，第1页。

形象地说明了在中国人的价值世界里，着“锦衣”这样的“富贵”成就需要“人知之”方有价值，并且需要“归故乡”让故乡的熟人们“知之”才更有价值。因此，在传统观念中，对于中国人而言，向“故乡”的熟人们展示自己“活着的价值”（所包括的地位、财富、权力等）是“展示自我价值”的重要面向。同样，对于“农转非”群体而言，回到曾经生养自己的村庄展示自己的地位、财富和成就等，不失为一种“展示自我价值”的重要方式。为筑路修桥捐款、举办春节联欢会、组织爱心互助会、组织古桥保护行动等这样的参与村庄治理实践，无疑可以把自己的地位、财富和权力等进行公开的展示，从而使自己“活着的价值”得到村庄熟人们的认可。通过参与村庄治理的行动实践，向村庄的熟人展示自己的地位、财富和成就等价值，并非没有约束条件。“是否有时间”以及“空间距离上是否近便”就是两个重要的约束条件。就个体而言，“是否有时间”往往和年龄密切相关，而“空间距离上是否近便”则往往与常居住地与村庄的远近密切相关。此外，城乡场域差异也导致“农转非”群体倾向于面向村庄展示个体价值。

1. 年龄因素

年龄是影响“农转非”人员面向村庄展示个体价值的重要因素。年龄是个人生命时间的刻度。个体价值取向和价值判断往往随时间的变化而变化。就“农转非”群体而言，无论是他们与村庄的关联，还是他们参与村庄治理的行动实践，都在一定程度上受年龄因素的影响。一般而言，尚未成家的青年人更向往外面的世界，希望到外面的世界寻找自己的生命价值；中年人则必须承担家庭生活和事业发展的重担，更重视在自己的家庭和工作，并且也往往没有太多空闲时间；老年人则受“落叶归根”观念和“发挥余热”观念的影响，更有可能到“生养”

自己的村庄寻找自己的生命价值，并且老年人相对更多的空余时间。总体而言，个体在中年以前主要处于个人事业的发展期，个体更倾向于把更多的时间和精力投入到自己的事业中去，而中年以后事业和家庭相对稳定后，个体则会倾向去把更多的时间和精力投入自己感兴趣的、事业以外的领域。“农转非”人员在中年以后，把时间和精力投入与自己有着千丝万缕关联的村庄公共事务就有可能成为一种选择。就胜村的经验而言，无论是筑路修桥的捐款者，还是村庄春节联欢会、爱心互助会和古桥保护的组织中的积极分子，都是中年以后的人员，且大部分是已经退休或临近退休的老年人。这些事业稳定、家庭经济收入相对较高、时间更加充足的中老年“农转非”人员，特别是老年人，通过参与村庄治理，找到了彰显个体的价值的另一种方式。像 WFS、PSP、PZF、PMQ、WG 等人都是 60 年代以前出生，都是已经退休或者临近退休的“农转非”人员。他们通过参与村庄治理，在村庄内赢得了相当高的“声誉”，也提高了他们自我的价值认同感。

年龄对“农转非”人员面向村庄展示个体价值的影响，还体现在“农转非”人员“农转非”以前在村庄生活时的年龄，以及在村庄生活时村庄的社会性质。村庄生活的性质，可以 80 年代的改革为时间节点进行划分。80 年代以前属于“集体化村庄生活”，80 年代以后，村庄集体生活迅速势微，可用“去集体化村庄生活”来表示。由于胜村“农转非”人员基本都是 15 岁以后[①]才实现“农转非”的，80 年代以后出生的人员，也即 1995 年以后实现“农转非”的人员，基本无“集

① 从招工、参军、升学、提干这几种胜村主要的“农转非”途径来看，招工的对象是成年人，也即 18 岁以上；征兵的年龄条件也是 18 岁以上；能够通过升学实现“农转非”都是中专以上学历，而只有初中毕业才具备考中专的条件，初中毕业的年龄一般是 15 岁以上（6 岁入学，加 9 年小学和初中，至少也有 15 岁）；提干则显然是成年后，因此，农村青年实现“农转非”基本都是在 15 岁以上。

体化村庄生活”体验。因此，总体而言，50 年代、60 年代、70 年代和 80 年代，以及 90 年代上半期实现“农转非”的人员，基本都有“集体化村庄生活”体验。在他们“长于斯的村庄记忆”中，除了有关家庭、朋辈群体、村庄地景的记忆外，还有“集体化村庄生活”的记忆。这些集体化时代的社会价值取向或多或少会对他们的价值取向产生一些影响。例如，集体利益高于个人利益，个人对集体的义务等。相应地，那些“集体化村庄生活”体验越长越深的人，其集体性价值取向也就可能最强烈。从胜村的经验来看，参与村庄治理的“农转非”积极分子，如 WFS、PMQ、WG、PSP、PZF 等人都是有较长“集体化村庄生活”体验的人员，参与胜村筑路修桥的“农转非”人员也大多数是 95 年以前实现“农转非”的人员。尽管不能绝对地说，“集体化村庄生活”体验越长的人，就越有可能在“农转非”后越会参与村庄治理，毕竟能否参与村庄治理还受个人时间、经济能力等因素的影响，但是“农转非”群体的“集体化村庄生活”体验与他们参与村庄治理的行动实践总体上还是有一定相关关系的。总体而言，就胜村经验而言，积极参与村庄治理的“农转非”群体，主要是有较长时间“集体化村庄生活”体验的中老年人员，特别是已经退休或临近退休的人员。他们参与村庄治理的行动实践，一方面与他们早年在“集体化村庄生活”体验中形成的价值取向相一致，另一方面能提高他们自我价值认同感。

2. 空间距离因素

空间距离是影响“农转非”人员面向村庄展示个体价值的因素之一。他们在客观上受其常住地离村庄的空间距离远近的影响。一般而言，常住地离村庄较近的“农转非”人员更有条件回到村庄参与村庄治理，因为交通上更为便利。“农转非”群体的常住地可以分为三种基本类型：一是居住地为村庄（如“半边户”家庭中的“农转非”人员和退休后回村居住的“农转非人员”的常住地就是村庄）、二是居住地在离村庄较近的城镇（如镇上或者县城）、三是居住地在离村庄很远的城镇（如外省）。

对于居住地为村庄的“农转非”人员而言，村庄公共事务与他们以及他们的家庭利益有着高度的关联度，且这部分“农转非”人员长期生活在村庄，较为熟悉解村庄的村情民意，因此，他们往往是参与村庄治理的积极分子并且能够日常化地参与村庄治理。如前文案例中PSP、WFS、PZF等人就是典型代表。PSP无论在筑路修桥的捐款中，还是在春节联欢会的组织、爱心互助会的运作和古桥保护行动中都是积极分子。WFS则是筑路修桥和村庄广场舞的积极组织者。PZF则是筑路修桥、春节联欢会、爱心互助会的积极分子。

对于居住地在离村庄较近的城镇的“农转非”人员而言，他们能较为便利地回到村庄，与不少的村民保持着日常交往，对村庄信息了解也相对较多，因此，他们也是参与村庄治理的积极分子。如前文案例中的PMQ、WG就是典型代表。PMQ是胜村文化建设的主要推动者，在筑路修桥、春节联欢会、爱心互助会和古桥保护中都有他的身影。WG则主要负责爱心互助会的运作。

对于那些居住地在离村庄很远的城镇的“农转非”人员而言，由于居住地距离村庄较远，远离村庄日常生活，较少参与村庄治理。他们参与村庄治理的形式主要是捐款和社会资源上的帮扶。

就胜村的经验而言，由于胜村交通条件方便，离所在地级市城市、县城和集镇都很方便，参与村庄治理的主要是在市、县和村内居住的“农转非”人员。当然，随着交通的日益发达和网络的快速发展，他们参与村庄治理的便利性也逐步提高。例如笔者尽管居住地离胜村较远，但通过运营胜村爱心互助会微信公众平台和节假日回村，也成为了参与村庄治理的积极分子之一。

3. 城乡场域差异因素

在长期的城乡二元体制下，城市和农村的区别是如此之大，以致许多农民终身的希望就是自己或者自己的孩子成为“城里人”。在80年代改革以前，村庄里那些通过“农转非”实现由“农村人”转变为“城里人”的人，也往往被视为是村庄里走出的成功人士。80年代改革以后，农民除了通过“农转非”进程外，还可以通过务工、经商等形式进城，但进城工作甚至安居后，仍被成为“农民工”或“农民企业家”，换言之，他们仍是户口身份上的“农民”。但是，80年代以后，除了“农转非”人员被视为成功人士以外，那些通过务工或经商积累了财富的“农民”，也被视为“成功人士”。在消费主义主导的时代，甚至那些赚钱赚得多的“大老板”（成功经商人士），比一般的工薪阶层的“农转非”人员在村庄更为村民艳羡与推崇。与此同时，在城市居住的“农转非”人员，大部分都只是普通的工薪阶层的一员，与同在城市居住的经商人士相较，他们在社会地位上并无优势，甚至有一种相对弱势感。

当“农转非”人员回到村庄后，他们与普通的村民相较，则明显具有社会地位相对优势。“在城里，你可能就是一普通人，回到村里，你就还算一号人物。”① 也就是说，通过从城市到农村的空间场域的转换，“农转非”人员的社会地位和个人价值认同感会有较大的“提升”。对于这种现象，笔者把它称为“个体价值展示的城乡场域转换”。就胜

① 访谈记录，2015年8月12日。

村经验而言，那些在城市事业发展相当好的“农转非”人员，一般只是通过捐款这种间接形式支持村庄公益事业，而直接通过组织村庄农民春节联欢会和爱心互助会等形式直接参与村庄治理的基本属于事业发展一般“农转非”人员。就行政级别而言，胜村历史上产生了处级以上干部10多人，尽管他们基本都参与了村庄筑路修桥的捐款，但并没有直接参与组织村庄公共事务，而参与的村庄公共事务组织的“积极分子”中，最高的也只是科级干部。由此可见，在城市场域无法有效展示个体价值的部分“农转非”群体，可以通过场域的转换，通过村庄场域中的治理参与更好地展现个体价值，因为他们在转换到村庄场域后，就拥有了相对于一般村民而言的“比较优势”。

综上，“农转非”群体参与村庄治理，在时间上，受其在村庄生活时期村庄生活的性质和参与村庄治理时其所处的年龄阶段的影响，在空间上，受常居住地和村庄的空间距离，以及城乡治理场域的空间转换中个体社会地位和自我价值认同感“提升”的影响。面向村庄的个体价值展现是“农转非”群体参与村庄治理的行动实践内在的价值逻辑。

（三）利益驱动

“农转非”群体参与村庄治理，并非仅仅受身份认同和价值展示的驱动，获取具体的社会资源和物质利益也是他们参与村庄治理的重要动力。

1. 社会资源拓展

根据布迪厄的定义，社会资本是现实或潜在的资源的集合体，这些资源与拥有或多或少的制度化的共同熟识和认可的关系网络有关。换言之，与一个群体中的成员身份有关。它从集体拥有的角度为每个成员提供支持，在这个词汇的多种意义上，它是为其成员提供获得信用的“信任状”。① 显然，在这里社会资本是一个具有工具性的概念，个体“投入”参与群体关系网络，从而获得群体所提供的集体性资源。

众所周知，地缘关系与血缘关系在中国人的日常生活中，发挥着十分重要的作用。但与先赋的血缘关系不一样，地缘关系尽管也具有先赋性，但血缘关系没有退出机制，而处于地缘关系网络中的个体，如果行为不符合地方性社区的共识性规范，就有被“边缘”，甚至“踢出”的可能。在村庄层面，基于“同村人”而形成的地缘关系，无论是个体生活在村庄内，还是生活在外地，都是个人重要的社会资本。个体在村庄地缘关系网络中的地位，往往受其道德水准、文化程度、经济实力、个体能力、家族关系等因素的影响，同时，还受个体是否主动承担村庄公共责任和是否积极参与村庄公共事务的影响。两个其他条件基本相似的“同村人”，主动承担村庄公共责任和积极参与村庄公共事务的人，显然比逃避承担村庄公共责任和不积极参与村庄公共事务的人更能为其他“同村人”所熟知，也更能为其他“同村人”所信任和尊重。

作为从村庄走出来的“农转非”人员，如果想要获得基于村庄这一地缘性组织生产的群体性社会资源，就有动力承担村庄公共责任和参与村庄公共事务，从而被村庄成员熟知和认可。“农转非”群体参与村庄治理的行动实践，显然是主动承担村庄公共责任和积极参与村庄公共事务的具体体现。“农转非”群体中参与村庄治理的“积极分子”，相对于其他“农转非”人员，在整个基于村庄而形成的地缘性社会关系网络中，也就占据了更加重要的地位，其所能动员的村庄地缘性社会资源也就越多。甚至他们可以成为村庄地缘性社会关系网络的代表，而与

---

① Bourdieu, Pierre, “The Forms of Social Capital” in Handbook of Theory and Research for the Sociology of Education, (ed.) by John G. Richardson, Westport, CT.: Greenwood Press. 1986. p248。

其他组织（例如政府部门）关联起来，从而拓展个体的社会资本。恰如有学者指出的，“通过社会资本，行动者能够涉取经济资源，提高自己的文化资本，与制度化的机构建立密切的联系”①。正是在这个意义上，我们把“农转非”人员参与村庄治理的行动实践视为“农转非”人员拓展自己社会资本的行动依托。事实上，“农转非”人员参与村庄治理的过程也可视为“农转非”人员基于村庄地缘性社会关系网络而对自身社会资本进行再生产的过程。

从胜村的经验来看，对于“农转非”群体中参与村庄治理的“积极分子”而言，无论是爱心互助会的秘书长 WG，还是胜村文化建设的核心人员 PMQ，他们都在一定程度上基于他们参与村庄治理的行动实践，从而成为胜村“同村人”关系网络中的核心成员，甚至在政府部门那里，成为胜村的代言人。爱心互助会秘书长 WG 曾在笔者的一次交流中向笔者提起一件事情——市财政局某领导在县里出席一个会议，会议结束后推掉了一个县里领导安排的饭局，专程前来出席了 WG 与几个社会爱心人士的饭局，并对爱心互助会的工作给予了高度肯定。WG 说：“市里财政局领导到县里来，县领导都要抢着请他吃饭，还要看财政局领导给不给面子，我们的饭局都是些社会爱心人士，我们与他也没有特别的交情，只是告诉他，我们是社会爱心人士聚会，但市里财政局领导推掉其他晚饭专门来出席，说明他对我们爱心互助会是高度肯定的。”② 胜村文化建设的核心人员 PMQ 也曾向我提及一个事，“以前我到镇上和县里去办事，他们都叫我‘彭师傅’，我以前是个司机嘛，这几年我把村里的文化产品搞得有点样子了，市里和县里的领导都到我们

① 张文宏：《社会资本：理论争辩与经验研究》，《社会学研究》2003 年第 4 期。

② 访谈记录，2015 年 11 月 9 日。

村里参观过，现在我去镇上和县里办事，那些干部都叫我‘彭老’了”。① 显然，这两个例子很好地反映了 WG 和 PMQ 通过参与村庄治理的行动实践，积累了个人声誉，也拓展了个人的社会资本。另外，笔者个人的亲身体验，也是对参与村庄治理具有拓展个人社会资本作用的一个很好的注解。2015 年 4 月，笔者初次回胜村调研时，由于长期在外求学与工作，从村东一直走到村西，没几个村民认识笔者。访谈也得不到访谈对象的配合与支持，就是村干部也尽给笔者讲些场面上的信息。经过两年的努力，笔者为村里的各项建设出谋划策，通过捐款成为了爱心互助会的会员，并且为爱心互助会开通了微信公众号平台，成为了参与村庄治理的“农转非”群体的重要一员。现在，无论是村干部和“农转非”人员，还是村民，对笔者都非常熟知了，他们常就村里的一些事情与笔者交流，咨询笔者的意见。尽管这一转变，与笔者回村调研次数的增多有关，甚至与笔者的身份有关，但是笔者参与村庄治理的行动实践，无疑提高了笔者在村庄地缘性社会关系网络中的地位，也拓展了笔者个人的社会资源。

概言之，“农转非”群体参与村庄治理可以有效地拓展“农转非”人员基于村庄地缘性社会关系网络而形成的社会资源，这也是“农转非”群体参与村庄治理内在的社会资源拓展逻辑。

2. 物质利益获取

从胜村“农转非”群体参与村庄治理的行动实践来看，除筑路修桥这一常规性参与外，村庄春节联欢会的举办、爱心互助会的成立和古桥保护运动都是 2008 年以后的事。事实上，在胜村，“农转非”群体

---

① 访谈记录，2015 年 11 月 7 日。

开始大量活跃在村庄治理场域也主要是2008年以后。那么，这个时间节点背后又隐藏着什么逻辑呢？笔者认为，村庄治理场域的这一变化，与国家宏观政策背景的变化引发的国家与村庄的关系的变化有直接的关系。

众所周知，从2006年开始，国家取消农业税并全面推行社会主义新农村建设，国家与农村的关系由“汲取型关系”逐步转向“反哺型关系”或者“服务型关系”，大量的涉农惠农资金直接以项目形式投向农村。与此同时，国家通过“乡财县管”“村财乡（镇）管”① 和村干部“公职化”②，加强了预算和预算外管理和对资金的监管，使得乡镇财政“虚空”，村干部行政化。这一转变，在相当大程度上，一方面削弱了乡镇财政和村级财务的自主权，另一方面也消解了乡村干部与农民在税费时期长期形成的互动关系，使政府与农民的制度性联系弱化，甚至有学者把税费改革后的国家政权称为“悬浮型”政权③。村干部除承担乡镇政府安排的例行性工作，更多的精力投入到向上级政府部门争取项目的竞争中，并且这种行为也得到了财政已然“虚化”的乡镇政府的默许甚至鼓励。村干部们之所以热衷于向上争取项目，一个重要的原因就是“项目下乡”或者“项目治国”为基于村庄的物质利益获取行为创造了政策空间。

具体而言，就是只要村庄争取到了项目，无论对于乡镇还是对于村

---

① “村财乡（镇）管”是当前村级财务的常见的管理方式，主要的做法就是村级财务委托乡镇政府代理村级财务会计，村级财务支出均需到乡镇财务管理机构（一般是经管站）凭据报销。

② 村干部“公职化”是指，国家和地方政府通过财政转移支付或者财政补贴的形式，形成村干部报酬和养老保险资金保障机制，使村干部在任或退休后（以任职一定达到年限为前提）享有与国家公务员和事业单位职工类似的“公职人员”待遇。

③ 周飞舟：《从汲取型政权到“悬浮型”政权——税费改革对国家与农民关系之影响》，《社会学研究》2006年第3期。

庄而言，都是增加了可以支配的资金。尽管争取到的项目资金在使用上仍然受到监管，但在现实中乡镇干部与村干部常常通过“报销”上的“合谋”来套取项目资金用于其他的开支，甚至直接落入“私囊”。这种“合谋”主要两种方式：一种是直接把项目按一定比例以“活动经费”或“奖励”的名义直接划拨给为项目争取贡献最大的个人（这种方式在2010年以前几乎是“惯例”，现在基本被明令禁止了）；另一种是虚增项目支出款项套取项目资金（例如基建项目就虚增建材与土石方量，以土地面积为立项标准的项目就虚增土地面积）。项目资金成为乡镇和村庄重要的收入来源，且存在操作空间，项目资金的专款专用原则在实践中也就变异为“自主使用原则”。因此，无论是乡镇干部还是村干部都乐于把大量的时间和精力投入到项目竞争（俗称“跑钱”）中去。

由于从村庄走出的“农转非”群体，不仅与村庄有着天然的联系，且他们相对而言拥有争取项目的更多社会资本，因此，“农转非”群体成为村干部在项目竞争中需要争取甚至依赖的重要力量。与此同时，项目竞争也为“农转非”群体参与村庄治理，彰显自身价值，甚至谋取个人直接的物质利益，开辟了重要途径。如果说在2006年以前，“农转非”人员参与村庄治理，更多是通过捐款或提供信息等间接的形式，那么，在2006年以后，“农转非”人员则可以通过为村庄争取项目，进而参与项目实施，直接地参与村庄治理。

就胜村的经验而言，胜村近十年来的诸多国家涉农项目的成功争取都不同程度地有“农转非”人员的参与。胜村的县级社会主义新农村建设示范村项目、红提种植基地项目（农业产业项目）、二机部重修项目（小型农田灌溉项目）、新村部建设项目、林地流转养殖项目、大棚蔬菜项目等无不与胜村“农转非”人员有关。前文描述和分析的村庄春节联欢会的重新举办也是胜村为争取社会主义精神文明示范村项目的重要策略，爱心互助会争取的政府部门资金也有相当一部分是以村庄名义争取的项目资金，而古桥保护也有争取文物古迹保护项目的动机。

综上，正是国家“项目下乡”的宏观政策背景，为村庄通过项目形式获取物质利益创设了制度空间，也为“农转非”人员回村与村干部的合作治理村庄提供了动力。因此，物质利益获取也是“农转非”群体在2006年以后参与村庄治理行动实践的重要动力。

二、行动背景：城乡关系结构的调整

理解“农转非”群体参与村庄治理的行动逻辑，既需要考察“农转非”群体的动力，更需要把他们的行动实践置于具体的社会背景下来考察。曾经城乡二元结构是导致农民努力通过“农转非”“摆脱农民身份”的体制原因。随着城乡关系结构的调整带来的农村面貌的改观以及由此引发的人们对城乡认识的变化，农村以及村庄于这些“摆脱了农民身份”的“农转非”群体已然有了不一样的价值。因此，城乡二元结构的调整构成了理解“农转非”群体参与村庄治理的行动实践的重要社会背景。总体而言，新中国成立以来中国城乡关系结构经历了两次大的调整，由此城乡关系结构的变迁也可分为三个阶段。第一个阶段是新中国成立到20世纪80年代农村改革前，在严峻的国际环境和优先快速发展重工业战略下，该阶段城乡关系是以“农业支持工业、乡村支持城市”为特征的“乡村支持城市”阶段。第二个阶段是20世纪80年代农村改革到2005年前后，在社会主义市场经济为目标的改革导向下，该阶段城乡关系是以“放权让利”为特征的“乡村推动城市”阶段。第三阶段是，2006年前后至今，在新农村建设的战略下，该阶段的城乡关系是以“工业反哺农业，城市反哺乡村”为特征的的“城市反哺农村”阶段。在不同阶段，“农转非”群体参与村庄治理的行动实践有着较大的差别。

（一）“乡村支持城市”阶段的“农转非”群体与村庄治理

新中国成立后，工业化成为整个国家经济建设的重中之重。处理城乡经济关系的焦点集中在两个方面：一是加快农业的发展，以便在耕地少、人口多的条件下解决中国的吃饭问题和为工业化积累资金；二是采取优先发展重工业战略，协调城乡关系（包括工农关系），为工业化发展提供保障。① 当时在农村地区采取的办法是走农业合作化的道路，并逐步走向“一大二公”的人民公社体制。通过人民公社体制的组织形式，农村以农业税和低价的农副产品（统购统销和价格“剪刀差”）的形式，既为工业化提供大量农业剩余，又降低了工业化的成本，从而奠定了“乡村支持城市”城乡关系的组织基础。同时，中国政府实行严格的城乡二元户籍管理制度，控制农村人口向城市流动，甚至通过“上山下乡”推动城市人口流向农村，为“低工资”化的“单位制”城市工业体系的运行创造条件。因此，该阶段城乡关系具有明显的“乡村支持城市”特征。

该阶段，乡村治理的主要形式是“人民公社体制”，通过公社、生产大队和生产队三个层级，对农村社会实施行政化和运动式治理。人民公社体制的突出特征是领导权力的高度集中统一。农村公共资源的支配权集中于自上而下、具有高度组织化程度与纪律性的中共农村基层组织，

---

① 武力：《论改革开放以来中国城乡关系的两次转变》，《教学与研究》2008 年第 10 期。

公社、生产大队和生产队的行政管理机构也接受党组织的领导。① 村庄公共产品由集体提供，几乎不存在个体和社会组织提供公共产品的空间。

该阶段，农村人口向城市的流动只能是在严格的城乡二元户籍管理制度下，通过严格的“农转非”途径实现，也即升学、参军转干和招工等途径。该阶段“农转非”人员相当少，已然“农转非”的人员也被编入了“单位制”的工作单位。工作单位为其职工提供了“从摇篮到坟墓”式的社会保障，职工对工作单位往往有依附性认同。该阶段的“农转非”群体，一方面规模很少并依附于工作单位，另一方面，也缺少参与村庄治理的动力与途径，因此，“农转非”群体参与村庄治理的现象在这个阶段是比较少见的。至少就胜村经验而言，该阶段几乎没有“农转非”群体参与村庄治理。

（二）“乡村推动城市”阶段的“农转非”群体与村庄治理

20世纪80年代前后，以提高农产品收购价格和实行家庭联产承包责任制为标志，国家对农村实行了“放权让利”政策，不仅给农民以生产经营的自主权，同时减轻了国家提取农业剩余的份额，改变了国家规定农民消费和积累的定额后其余全部征购走的办法，实行了“交够国家的，留够集体的，剩下的都是自己”的“大包干”政策。② 在“放权让利”的农村政策下，农村经济得到了较快发展。与此同时，乡村通过为城市发展提供大量廉价的劳动力（缺少福利保障的农民工）和乡村资源（资金和土地等）推动了城市化和工业化的发展。因此，

① 程同顺，赵银红：《乡村管理模式的回顾与前瞻》，《上海社会科学院学术季刊》2000第1期。

② 武力：《论改革开放以来中国城乡关系的两次转变》，《教学与研究》2008年第10期。

该阶段城乡关系具有明显的“乡村推动城市”的特征。

在村庄治理层面，人民公社体制的解体后，国家在农村推行“村民自治”以应对农村治理出现的失序局面。但由于集体经济势微、大量青壮年劳动力流向城市，以及90年代分税制改革导致财权向中央集中等原因，导致一方面村民自治缺乏必要的资金和主体，另一方面严重的农民负担也加剧了乡村干群矛盾，村民自治的治理效果并不明显。典型的表现是，乡村的道路、水利等基础设施年久失修现象突出，制约了乡村经济社会的发展。因此，该阶段，道路、水利等基础设施的维护和修建成为村庄治理的重要公共事务。

该阶段，“农转非”政策总体呈逐步放松趋势。“农转非”途径除升学、参军转业、招工等途径外，还增加了购买指标、投资落户、购房落户等新途径。“农转非”群体的规模明显扩大。该阶段，由于乡村的道路、水利等基础设施年久失修现象突出，道路、水利等基础设施的维护和修建成为村庄治理的重要公共事务。“农转非”群体参与村庄治理的行动实践主要出现在村庄道路和水利等基础设施的维护和修建等领域。就胜村的经验而言，村级公路的养护、邓家坝人行天桥的修建、邓家坝坝基加固等必须的村庄公共基础设施的维护与修建都是发生在该时间段。在这些村庄公共基础设施的维护与修建过程中，PMQ、PZF、WFS、LLQ等“农转非”人员直接参与了组织，而其他“农转非”人员也基本都以捐款形式间接参与了。这个阶段，“农转非”群体参与村庄治理，主要是筑路修桥类的常规性参与，并且主要是为了解决村庄必需的基础性公共产品的供给问题。

（三）“城市反哺农村”阶段的“农转非”群体与村庄治理

2005年10月，党的十六届五中全会通过了《中共中央关于制定国民经济和社会发展第十一个五年规划的建议》。该《建议》指出我国经济发展已经达到工业“反哺”农业、城市支持乡村的阶段，并提出了建立社会主义新农村的重大历史任务。2005 年 12 月 31 日，中共中央和国务院联合发出《关于推进社会主义新农村建设的若干意见》。该《意见》全面论述并规定了建设社会主义新农村的思想、方针、政策和部署。这标志着中国城乡关系进入以新农村建设为战略抓手的“城市反哺农村”阶段。

“城市反哺农村”阶段，城乡关系发生了重大变化，一方面农村税费改革的完成，结束了城市对农村的“资源汲取”，曾经紧张的乡村干群关系明显缓和，甚至日渐失去了“制度性”联系，另一方面，以新农村建设战略为抓手，国家加大了农业农村的投入力度，农村公共基础设施建设和基本公共服务建设进展明显，农村面貌总体有了较大改观。与此同时，农村青壮年劳动力仍然大规模向城市流动，因此，乡村生活总体呈现出物质条件改善但“人口空心化”的现状。

村庄治理层面，在“城市反哺农村”的宏观政策背景下，随着村干部工资被纳入地方财政支出和各级财政资金以“项目”形式“下乡”，村干部成为“体制权威”在村庄的代表，执行基层政府委派的各类“政务”和争取各类“下乡”项目成为村干部的主要工作。同时，伴随着村庄公共基础设施的逐步完善，村庄面貌（特别是一些生态资源条件较好和经济富裕的村庄）较之新农村建设以前有了较大改观，那些居住地离村庄较近的“农转非”人员（特别是已经退休和临近退休的“农转非”人员），也更愿意发挥自己的资源优势或者“余热”回村参与村庄治理。正是在这样的背景下，胜村的“农转非”群体与村干部一起，组织了爱心互助会，举办了村庄春节联欢会，成为村庄治理的重要力量。

三、行动影响：村庄治理成效与村庄治理结构转型

从行动影响来看，“农转非”群体参与村庄治理不仅能取得一定的成效，还在一定程度上促进了村庄治理结构的转型。

（一）“农转非”群体参与村庄治理的成效

相对于普通村民而言，“农转非”群体拥有相对丰富的政治、经济和文化资本，他们参与村庄治理可以有效提高村庄治理成效。就胜村的经验而言，“农转非”群体参与村庄治理至少取得了以下几个方面的成效。

1. 丰富村庄治理的资金来源

一般而言，村庄治理的资金来源主要有三种途径：村庄集体经济积累、政府财政资金和村民集资。村庄集体经济积累经历了 80 年代改革后，除少数拥有集体企业和矿产资源等集体经济的村庄外，大部分村庄集体经济积累势微，甚至有不少的村庄负债运行。此外，在税费改革前，向农户征收的村级提留也是村庄经济收入的重要来源，但在税费改革后就被取消了。就胜村而言，由于几乎没有集体经济，在村级提留取消后，村庄集体经济积累在进入 20 世纪后几乎可以忽略不计。对于村庄治理而言，在村庄集体经济势微后，对政府财政资金的依赖成为大多数村庄治理的常态。投入村庄的政府财政资金可以分为两部分，一部分是一般性财政资金，在进入 20 世纪后，这主要是指对村干部的工资的财政补贴和少量的办公性经费，另一部分则是项目性财政资金，主要包括“一事一议”项目财政奖补资金和完全由政府财政投入的项目资金。

村民集资，在80年代改革前是村级公共设施建设的主要资金来源且具有一定的强制性，在税费改革后则主要是“一事一议”项目中的村民自愿集资部分。

就胜村经验而言，“农转非”群体参与村庄治理则明显丰富了村庄治理的资金来源。首先，在诸如筑路修桥等公益事业中，“农转非”群体的捐款构成了村内集资的重要组成部分（详见前文第四章）。其次，在“农转非”群体的参与下，胜村获得的政府财政性资金中的项目性资金也明显增多了。例如，胜村的第二机部水利建设项目等。再次，在“农转非”群体的参与下，胜村增加了不少产业项目，例如五环养猪合作社项目、红提产业基地项目、山地流转项目等，这些项目的成功立项与运行，也为村集体增加了不少的经济收入。

2. 弥补村庄治理的人力资源不足

由于户籍制度作为一项“粘附性制度”① 具有明显的城乡户口粘附利益差异、农业生计收益远远低于第二产业和第三产业、农村就业与发展机会不如城镇等因素的综合影响，农村优质人力资源向城镇流动成为中国人口流动的主要趋势。以升学、参军为主要途径的户籍性迁移和以务工、经商为主要途径的大规模青壮年劳动力流动向城镇，导致“空心化村庄”“留守型村庄”则成为中国大多数村庄（特别是中西部地区村庄）的现实写照。

无论是农业经营还是村庄治理都需要一定的人力资源，尤其是一定的优质人力资源。与大量人口从农村向城镇的迁移或者流动相伴随，在广大农村地区，操持农业经营主要是留守老人和留守妇女，由于经营无

---

① 陆益龙：《户籍制度改革与城乡关系的协调发展》，《学海》2001年第6期。

力，耕地“抛荒”现象屡见不鲜。与此同时，村民自治也由于青壮年人力资源的流失而呈现出“无主体”状态①，村民大会，甚至村民小组会议开不起来，使得村庄治理的民主形式——村民自治——往往流于形式，村庄治理主要由已然行政化的村干部把持，甚至被“灰黑”势力把持，就是村民日常性纠纷的解决也往往是在年末青壮年回乡后才“算总帐”②。因此，由于青壮年劳动力流失造成的村庄人力资源的不足，不仅影响农业经营，也是导致村庄治理低效的重要原因。

“农转非”群体参与村庄治理在一定程度上弥补了村庄治理在人力资源上的不足。就胜村经验而言，“农转非”群体参与村庄治理的行动实践使得“农转非”群体成为村庄治理重要的主体。

首先，作为具有较多社会资源和较高文化水平的“农转非”群体，通过提供资源、为村庄发展出谋划策和提供公共产品等形式，树立了他们在村庄中权威，既是村干部开展工作的有力支持，又形成了对村干部权威的制约，在一定程度上弥补了青壮年农村社会主体“不在场”所导致的治理主体不足。

其次，由于“农转非”群体弥散性分布在村庄各村民小组中，与各村民小组的家庭有着血缘或者地缘的亲密关联，往往成为各村民小组或家庭在村庄中的利益代表，向村干部传递和表达利益诉求。这也有利于建立村干部与各村民小组的村民间较为稳定有效的沟通机制，从而增强村庄治理的民主程度，成为村民自治的有力补充。

此外，一直在村居住的“半边户”家庭中的“农转非”人员和退休后回村居住的“农转非”人员，由于相对稳定地“在场”，往往成为

① 吴重庆把青壮年大量离土离乡后的农村社区称为“无主体熟人社会”。参见吴重庆：《从熟人社会到“无主体熟人社会”》，《读书》2011年第1期。

② 吴重庆：《从熟人社会到“无主体熟人社会”》，《读书》2011年第1期。

村庄活跃的社会主体，甚至成为村庄治理的“中坚力量”。如果说，升学、参军、务工和经商等是村庄人力资源“外流”的主要途径，那么，“农转非”人员回村居住则是村庄人力资源“回流”的重要途径，特别是伴随着农村公共基础设施和公共服务的改善，“农转非”人员的退休“回流”村庄在弥补村庄治理人力资源不足中将发挥越来越重要的作用。

3. 提升村庄认同的再生产能力

社会认同是指，“个体知晓他/她归属于特定的社会群体，而且他/她所获得的群体资格会赋予其某种情感和价值意义”。① 社会通过产生集体意识而影响个体，集体意识通过共有的行事方式表达出来，它是一种施加于行为之上的心理动力与道德约束。村庄认同，就是村民和从村庄走出的“农转非”人员，认为自己归属于村庄，是村庄的一员，并且作为村庄成员的身份会赋予自己情感和价值意义。村庄认同既是村庄成员集体归属感的个体心理体现，又是村庄集体行动的心理动力，更是村庄治理的重要文化资源。

无论是村民还是从村庄走出的“农转非”人员，由于在村庄这一具有明确地理边界的集体中有或长或短的生活经历和受“安土重迁”文化传统的影响，对村庄都是有一定的集体认同的，这是“家乡”观念和“乡愁”情愫的个体心理基础。但这种既有的村庄认同，如果长期缺乏与村庄的联系，并且回到村庄后也缺乏集体活动和集体仪式，就

① Taifel, H. "Social categorization", English manuscript of "La catégorization sociale", in S. Moscovici (ed) Introduction à la psychologie sociale, vol. 1, Paris: Larousse. 1972, p31. 转引自［澳］迈克尔·A·豪格、［英］多米尼克·阿布拉姆斯:《社会认同过程》，中国人民大学出版社，2011 年版第 7 页。

容易慢慢地淡化，甚至消失，被家庭认同、职业认同等取代，而仅仅在个体身上留下一个“某某村人”的身份符号。因此，要让村民和从村庄走出的“农转非”人员对村庄有较强的认同，进而产生参与村庄治理、维护村庄集体利益和声誉的行为，就需要维持或创造一些集体的标志、活动、组织和仪式，再基于这些集体的标志、活动、组织和仪式来再生产村庄认同。就胜村的经验而言，“农转非”群体参与村庄的行动实践，就很好地创造了一些村庄集体的标志、活动、组织和仪式，从而提升了胜村村庄认同的再生产能力。

首先，有PMQ投资建设的新村部，为胜村村民公共生活提供了重要的公共空间，成为村庄的重要标志。村部外墙上悬挂的“中国共产党胜村支部委员会”和“胜村村民委员会”、村部前面的文化广场、村部内部的农家书屋和会议室等设施，都无不提醒过往村民，胜村作为一个村庄的实体化存在。同时，新村部楼顶的大标语“毛泽东思想永放光芒”，具有鲜明集体化时期的集体主义“烙印”，很容易勾起有集体化时期生活体验的中老年人的村庄回忆，从而在现在胜村与集体化时期的胜村间建立起联系。

其次，由“农转非”群体参与修建的村庄公路和人行天桥等公共基础设施，以及为纪念这些公共基础设施树立的“光荣碑”，也记录和见证了胜村人集体举办的公益事业。

再次，胜村爱心互助会的成立和运作，吸引了大量胜村“农转非”人员和村民的捐款，且捐款的绝大部分被用于资助胜村的困难家庭和学子，这让捐款的胜村人和接受资助的胜村人，通过捐款或接受资助感受到了胜村作为一个集体所具有的“互助”和“共济”的道德责任。

第四，举办了四届的胜村春节联欢会作为一种集体仪式，在春节这个特定的时间，把所有回村和在村的“在外工作人士”和村民团聚一起，通过集体狂欢再生产了“胜村人”这个共同的身份。

此外，由“农转非”人员创建的“胜村爱心互助会”微信公众号、“胜村”微信群、“胜村”QQ群等网络虚拟平台的建立，也让星散在五湖四海的“胜村人”可以通过网络找到自己的虚拟村庄共同体，进一步强化了“胜村人”的村庄认同。

正是在以上意义上，我们说胜村“农转非”群体参与村庄治理的行动实践提升了胜村村庄认同的再生产能力，为胜村的村庄治理提供了重要的文化资源。

4. 丰富村庄公共产品供给

“农转非”参与村庄治理一个显见的成效就是丰富了村庄公共产品供给。村庄公共产品是指一个村庄范围内的全体或部分居民受益的公共产品，包括村民生活与农业生产所需要的公共产品。① 在集体化时期，国家和村集体是村庄公共物品供给的主要力量。在后集体化时期，国家力量企图退出村庄治理场域，进而以村民自治解决村庄治理以及相应的村庄公共产品供给问题。但由于村集体经济势微以及大量青壮年人力资源外流等原因，这一计划的实际效果并不理想，村庄公共产品供给长期处于匮乏状态。2006年，国家提出和实施新农村战略，并通过村干部行政化和“项目制”方式，再度成为村庄公共物品供给的主导性力量，村庄公共产品供给对国家的依赖明显加强。这一战略的实施面临国家公共产品供给与村庄公共产品需求脱节的困境。“一事一议”制度安排就是试图解决这一供给与需求脱节的困境。但是恰如诸多学者指出的，由

① 李晓楠，孙建芳：《基于国家视角的村庄公共产品供给模式转变分析》，《农村经济》2011年第11期。

于“农民收入水平较低”①“小农意识严重”②“效率太低”③“村级组织弱化，成本太高，缺乏强制手段”④“不同时具备农民低流动性、乡村干部都是好人、农民公共需求的均质性和低强度特点以及不存在通货膨胀等一系列极为严格的条件”⑤，以及在制度目标、激励机制和实施机制等内部机制设计也存在种种问题⑥，“一事一议”制度实际执行中存在众多问题，难以解决公共产品供给与需求的脱节等问题。因此，长期以来公共产品供给问题仍然是困扰村庄治理的难题。

作为与村庄有着千丝万缕关联的“农转非”群体的介入，一方面由于其拥有较多的社会资源，另一方面又内嵌于村庄共同体，对于缓解村庄公共产品供给问题具有积极的作用。就胜村经验而言，通过筑路修桥、成立爱心互助会以及举办农民春节联欢会等行动实践，“农转非”群体事实上参与甚至主导了前文案例中所涉及的公共基础设施、社会救助、公共文化服务等村庄公共产品的供给，成为国家和村集体以外的第三种公共产品供给力量。“农转非”群体的行动实践不仅丰富了村庄公共产品供给，还供给了村民急需或者偏好的公共产品，较之国家主导的公共产品供给，能更好地协调供求与需求的衔接。

---

① 胥爱贵，韩卫兵：《农村税费改革后实施村民一事一议的几点思考》，《现代经济探讨》2002年第9期。

② 张海庆：《解析“事难议、仪难决、决难行”——兼议农村公益事业的出路》，《财税与会计》2003年第5期。

③ 马宝成：《税费改革、“一事一议”与村级治理的困境》，《中国行政管理》2003年第9期。

④ 黄坚：《“一事一议”下村级公益的困境与出路》，《乡镇经济》2006年第1期。

⑤ 常伟：《“一事一议”为何寸步难行?》，《调研世界》2008年第7期。

⑥ 常伟，苏振华：《“一事一议”为何效果不佳：基于机制设计视角》，《兰州学刊》2010年第5期。

（二）“权威竞合”与村庄治理结构转型

村庄治理结构是指，在村庄治理过程中，治理主体间相对稳定的关系结构，其核心是治理权威间的关系结构。改革开放和村民自治实施以来，总体而言，按照权威的来源，村庄治理中存在三种理想类型的治理主体：

（1）乡镇干部和村干部。他们是代表国家行政和村民自治的法理型权威，但二者又有区别，乡镇干部是国家行政权力在村庄具体体现，村干部的权力则是来源于村民自治选举而产生的自治权力；

（2）宗族长老。他们是代表宗族组织这一传统组织的传统型权威，但宗族权威只在宗族势力比较强的村庄存在，在胜村这类宗族势力势微的村庄基本不存在；

（3）村庄能人。这是基于个人文化水平、道德品行或经济能力而形成的个人魅力型权威。

这三种理想类型的权威在现实中往往交织在一起，并且相互转换。宗族长老和村庄能人往往经由村民自治选举而成为村干部，成为法理型权威。村干部在退任或退休后，往往基于个人能力而继续充当村庄能人。其他的村庄能人，也往往是村干部职务潜在的竞争者，也即他们也可能要通过选举而成为村干部。这三种类型的理想权威在现实中形成的相对稳定的关系结构就构成了村庄治理结构。

在国家免除农业税以前，由于税费征收的利益联系，在任的村干部往往成为乡镇干部在村庄工作的触角，主导着村庄治理。与之相抗衡主要是村庄能人，退休或者退出村干部队伍的原村干部也往往成为村庄能人。在税费改革以后，乡镇干部基本退出村庄治理，同时村干部行政化为“准国家干部”，其治理权威既来自于行政权威，又来自于村民选举，成为“双重权威”。这种“双重权威”体现在，一方面在“政务”上执行乡镇安排的各项工作，另一方面在“村务”上具有相当的自主性，谋求村庄利益（其中也包括个人利益）的最大化，成为村庄的代理人。其他村庄能人则是在任村干部潜在的选举竞争对手。

“农转非”群体作为从村庄走出的能人，对村庄治理有着不可忽视的影响。在2006年以前，“农转非”人员，除退休后在村庄居住成为民间精英的外，大部分人主要是通过为村庄筑路修桥捐款以及为村庄提供信息和事务上的便利而影响村庄治理。在2006年以后，伴随着国家资源下乡，一部分不在村居住的“农转非”人员，也开始以直接的行动实践参与村庄治理。胜村的部分“农转非”人员就通过文化建设、爱心互助会、古桥保护等组织或活动载体直接参与村庄治理，成为新的村庄治理主体，其权威主要来自于他们自身能力与社会资本，以及他们通过治理实践所获得的村干部和村民的认可与支持。因此，“农转非”群体参与村庄治理的实践，在一定程度上改变了村庄治理的结构，成为村干部和村庄能人以外的第三种权威。由于，“农转非”群体所代表的第三种村庄治理权威，在文化水平、个人能力、社会资本等方面都具有较为明显的优势，他们一方面成为与村干部“体制权威”相竞争的“民间权威”，另一方面又成为村干部倚重的力量。“农转非”群体与村干部在“村庄权威”上的竞争与合作关系，笔者称之为“权威竞合”。由“农转非”群体参与村庄治理的行动实践所产生的村庄“权威竞合”关系的出现，推动了村庄治理结构的转型。

就“农转非”群体与村干部在“村庄权威”上的竞争关系而言，基于自身的社会资源和在村庄治理的行动实践获得的村民尊重和认可，部分“农转非”人员成为村庄重要的“意见领袖”，在村庄治理场域具有较大的影响力。这一定程度上对村干部的“体制权威”地位在构成了竞争甚至挑战。当他们不认可村干部的作为时，部分具有影响力的“农转非”人员可能会公开批判村干部。就胜村经验而言，2012年春节联欢会筹划时，PSP和PMQ就对当时的村支部书记的不作为进行了批判，在春节联欢会停办后，更是公开批判其时的村支书为“胜村的历史罪人”；2013年古桥保护行动中，PSP等直接站在了代表基层政府意志的村干部的对立面，发动群众反对拆毁星桥，并以“大字报”形式抨击基层政府和村干部的行为；爱心互助会实际运作者秘书长WG，更是因为当时的村支部书记曾经宣称爱心互助会为“黑心互助会”而长期与村支部书记不合，并基本不参与除爱心互助会工作以外的任何胜村公共事务；在2014年的村支部与村委会选举中，部分在胜村治理场域活跃的“农转非”人员更是为了选举产生满意的村干部班子而宣传造势。① 由胜村经验可见，“农转非”群体在村庄治理场域的影响力或者“权威”，对村干部基于职位产生的“体制权威”构成了竞争甚至挑战。

就“农转非”群体与村干部的合作关系而言，“农转非”群体意欲展示价值、实现抱负以及获取利益，都离不开村干部的支持。同时，村干部想要治理村庄和谋取个人利益也同样离不开“农转非”群体的支持。就胜村经验而言，村干部在项目争取、村庄治理等方面都要寻求“农转非”群体的支持、咨询“农转非”群体的意见。胜村已经召开了

---

① 在此届选举中，PMQ专门写了一张“宣传海报”，张贴于胜村各主要交通路口。在该“宣传海报”有些内容明显针对选举，既有批判现有村干部班子的内容，如“取经者少，开拓者无，连许多有识之士提出的好建议，献出的好计策都在当做笑柄在宣传，致使大家失去信心”，也有表达对选举重要性的强调和未来村干部班子的期待的内容，如“此次选举非常重要，不同如以往。它是一次‘承前启后、继往开来、培养优秀人才梯队’已经刻不容缓的一次重大变革选举”“务请全村共产党员，组长村民，认真思考，履行职责，肩负使命，出来参选。把你手中那神圣一票。投给您心中最满意、最放心、有责任心、勇于担当、有德有才有能有经济意识，愿意为全村人们服务，也就是您最信得过的人”。参见PMQ：《进言书》，附录4。

多次村庄发展座谈会，就村庄发展规划、省级社会主义精神文明建设示范村创建等进行了座谈。① 以 SFN、PMQ、PZF、PSP 等“农转非”人员已经成为村庄发展规划、村庄项目争取和村庄文化建设的主力军。

综上，就胜村个案观察而言，“农转非”群体参与村庄治理的行动实践，形成了村庄治理权威的竞争与合作格局，激活了村庄治理活力，推动村庄治理结构的转型，并且这种治理结构的转型，使得村庄治理结构更具开放性，治理主体间有了更多的交流协商。

---

① 详见爱心互助会微信公众平台推送文稿：《集思广益 共谋发展——胜村举行村级发展小型座谈会》《“胜村‘一村三品’十年愿景规划”向各位征求意见啦》《胜村召开村庄发展规划座谈会》等。

结论与讨论

“农转非”群体参与村庄治理在中国农村并不少见，甚至很常见。在本书聚焦的个案村庄——“胜村”——则已蔚然成风。理解“农转非”群体参与村庄治理这一社会现象，需要把握该群体特殊身份和城乡关系的变迁。

“农转非”群体的特殊身份是理解他们参与村庄治理的关键因素。“农转非”群体尽管通过升学、参军转业、招工、购房落户等方式摆脱了的农民身份，进而也失去了村庄的“法律性村民身份”，但是，他们仍然具有“文化性村民身份”。所谓“文化性村民身份”是指，在中国的文化传统中，“树高千丈，落叶归根”，由于“生于斯的文化表达”“长于斯的村庄记忆”和“连于斯的亲缘关系”，走出了村庄的“农转非”群体尽管户口已然不在村庄（不再具备“法律性村民身份”），但是在他们自己和村民在文化认同中，他们仍然属于村庄的人，仍然具有村庄成员的身份。基于这种“文化性村民身份”，在“农转非”群体自身和村庄的村民们看来，这些“摆脱了农民身份”的“农转非”群体关注村庄、关心村庄和参与村庄公共事务是具有“道德感”和“义务感”，甚至“使命感”的事情。概言之，“文化性村民身份”的身份认同，赋予了“农转非”群体参与村庄治理的根本文化动力。

“农转非”群体参与村庄治理现象，还必须置于城乡关系结构及其变迁的宏观社会背景之下来理解和把握。一方面，对于大部分居住在城镇的“农转非”人员而言，尤其是对于那些在村庄有长期生活经历并且年岁已大的“40后”“50后”和“60后”“农转非”人员而言，村庄是他们人生价值的重要归宿，通过捐款、举办公益事业、组织公共文化活动、建立社会组织等形式参与村庄治理等，都可以视为他们回村庄寻找和展示自己的人生价值，或者说“在乡土社会完成其人生的总结与升华”的一种选择①。另一方面，随着城乡关系进入“城市反哺乡村”阶段，“项目下乡”也为村干部和“农转非”群体获取物质利益提供了政策空间，故而“农转非”群体在参与村庄治理的文化动力的基础上，又增加了物质动力。

“农转非”群体参与村庄治理有利于丰富村庄治理的资金来源、弥补因村庄青壮年劳动力流失造成的治理主体缺乏、提升村庄认同的再生产能力和丰富村庄公共产品供给，对于缓解甚至破解日益加速的城镇化和市场化背景因大量农村青壮年劳动力流向城镇出现了“空心化”和“留守化”的农村治理困境具有重要的价值。同时，“农转非”群体在参与村庄治理过程中与村干部形成的“权威竞合”关系使得村庄治理结构更具开放性，治理主体间有了更多的交流协商，推动了村庄治理结构的转型。

本书通过研究发现，“农转非”群体作为文化性村民在中国农村的村庄治理中是一种不容忽视的重要力量。在当前农村“空心化”和“留守化”的大背景下，这种力量的作用更显得尤为重要。但是，同样需要注意的是，“农转非”群体参与村庄治理并非没有限度。由于“农转非”群体缺乏“法律性村民身份”，他们无法在村民自治层面进行制

① 王德福：《乡土社会再认识》，北京大学出版社，2015年版，第18页。

度化参与，同时他们参与村庄治理还受时间和空间距离的约束。更为重要的，以“项目争取”为主要治理资源拓展的治理方式，还存在公共资源私人化的隐忧。

首先，“农转非”人员没有“法律性村民身份”，制约他们参与村庄治理的深度。所谓“法律性村民身份”是指法律规定的成为某一村庄村民必备的资格条件。对于成为某一村庄村民的资格条件，存在多种解释。民政部基层政权与社区建设司编写的著作指出，所谓村民，“泛指具有农业户籍的中华人民共和国公民，与城市居民相对应，是相对于居民的纯户籍概念”,① 本村村民则是“地域性户籍概念，专指具有农业户籍、生活在某一村庄，并与该村庄集体财务有密切联系的中华人民共和国公民”②。显然，该观点把农业户籍作为界定村民的必备资格条件，而本村村民的资格条件则在村民资格条件的基础上增加了生活在村庄和与村庄集体财务有密切关系这两个条件。詹成付则指出，“所谓村民是指具有我国户籍，长期在农村一定区域内居住和工作的农民”③“本村村民是指居住在本村、户籍也在本村，并与本村发生土地所有关系的自然人”④“判断一个人是否为本村村民，主要看两个条件：一是居住关系，二是土地所有关系，居住关系是构成本村村民资格的重要条件，但不是决定因素，其决定作用的是土地所有关系”。⑤ 因此，本村村民的概念包含了三个层面的意思，也即户籍在本村、居住在本村，与

① 民政部基层政权与社区建设司编：《中华人民共和国村民委员会选举规程》，中国社会科学出版社，2001 年版，第 217 页。

② 民政部基层政权与社区建设司编：《中华人民共和国村民委员会选举规程》，中国社会科学出版社，2001 年版，第 217 页。

③ 詹成付：《乡村政治若干问题研究》，西北大学出版社，2004 年版，第 174 页。

④ 詹成付：《乡村政治若干问题研究》，西北大学出版社，2004 年版，第 174 页。

⑤ 詹成付：《乡村政治若干问题研究》，西北大学出版社，2004 年版，第 174 页。

本村发生土地所有关系。对于村民的资格条件，目前并没有法律对其进行明确的规定。根据2010年10月28日最新修订《中华人民共和国村民委员会组织法》，村民委员会在选举前需对参加选举的村民进行登记，登记为选民需要具备的条件是："户籍在本村并且在本村居住的村民；户籍在本村，不在本村居住，本人表示参加选举的村民；户籍不在本村，在本村居住一年以上，本人申请参加选举，并且经村民会议或者村民代表会议同意参加选举的公民。"由此看来，是否被视为具有选举权的村民的关键是看"户籍是否在本村"，只要户籍在本村，只要本人愿意，无论是否居住在本村都可以登记为合法选民。外出务工和经商的具有本村户籍的村民，都可以是本村村民委员会合法的选民。而"户籍不在本村"的人，就算个人愿意，也需要满足"在本村居住一年以上，本人申请参加选举，并且经村民会议或者村民代表会议同意参加选举"的条件才能成为合法的村民委员会选民。"农转非"人员户籍已然不在村庄，从村民委员会选举的视角来看，他们要成为具有选举权的村民，就必须"在本村居住一年以上，本人申请参加选举，并且经村民会议或者村民代表会议同意参加选举"。因此，他们显然不是"当然"意义上的村民，也即不具备村庄的"法律性村民身份"。这也就是为什么他们被称为"在外工作人士"，以区别于一般村民，甚至区别与在外务工人员的原因。由于不具备"法律性村民身份"，"农转非"人员不享有一般村民所享有的土地承包经营权、宅基地使用权和集体收益分配权，也没有村民委员会选举权。就算那些"半边户"家庭的"农转非"人员和退休后回村居住的"农转非"人员也同样不具备"法律性村民身份"，除非他们把户口迁回村庄，也即"非转农"。"非转农"不仅在现实操作上少见和困难，而且也意味着各种福利待遇的丧失或者降低，因此，对于那些"半边户"家庭的"农转非"人员和退休后回村居住的“农转非”人员而言，“非转农”并非理性选择。在当前中国农村治理体制中，村庄治理层面的制度化参与形式是村民自治，也即通过村民委员会选举，行使选举权与被选举权，参与村庄治理。由于“农转非”群体不具备“法律性村民身份”，他们无法通过村民自治这一制度化形式参与村庄治理，就只能通过举办公益事业或者影响村干部等非制度化形式参与村庄治理。在一些村庄重大公共事务上，他们没有直接的法定决策权，只能间接地通过非正式方式来影响决策。这就使得即使“农转非”人员有治理村庄的重大抱负，也离不开村干部的配合与支持，并且他们可能的非正式“权威”也容易被村干部视为对自己“体制权威”的威胁。

其次，“农转非”群体参与村庄治理还受时间和空间的制约。从村庄走出的“农转非”群体，绝大部分在城镇有自己的工作和自己的家庭。在时间上，他们只能在空闲时或者村内有事时才有可能回村看看，在空间上，他们日常的工作与居住地离村庄或多或少有着相当的一段距离。正是这种时间和空间上的“距离”，使得他们在村庄日常生活中“不在场”，使得他们对村庄的情感与道德责任转化为“思乡”与“乡愁”。进而，也使得他们参与村庄的行动实践有着“间歇性”的特点——被“间歇性”的村庄公共事务转入或者“间歇性”地参与村庄公共事务。同时，他们参与村庄治理的行动实践，往往需要中间人的联络。这类中间联络人，往往是村干部或者“农转非”人员的亲人和朋友。他们通过中间联络人得到的关于村庄治理的信息，也往往是经过“过滤”甚至“刷选”的，因而也往往是不全面的。这一切皆源于时间和空间上的约束，使得他们在村庄日常生活中的“不在场”。这种时间和空间上的约束，使得“农转非”群体参与村庄治理的实践，往往集中在春节等传统节日，也即他们在村庄的时候。就胜村的经验而言，农民春节联欢会是在春节这一大多数在外工作人员与务工人员集中回村的时候，爱心互助会的募捐和资助困难家庭也大多选择在春节、中秋和元旦等节假日开展。村庄的日常性公共事务，如“政务”推行、纠纷调解、治安维持等则仍然是由村干部在处理。当然，“农转非”群体中的“半边户”家庭中的在村居住的“农转非”人员和退休后在村居住的“农转非”人员，由于摆脱了大部分“农转非”人员的时间和空间约束，在村庄日常生活中“在场”，从而成为参与村庄治理中“农转非”群体中的中坚力量。同时，居住在离村庄较近的城镇，且临近退休的“农转非”人员，也可以更多地融入村庄日常生活，从而可以更近便地和经常性地参与村庄治理。

第三，“农转非”群体参与村庄治理过程中存在公共资源私人化的隐患。2006 年后，国家启动的新农村建设战略，推动了更多的国家资源下乡，并且“项目治村”成为村庄治理的新形势。为了争取更多的国家涉农项目投入村庄，充分发挥本村“农转非”群体的社会资源优势是村干部常用的方法与策略。在这种项目争取竞争中，有社会资源优势的部分“农转非”人员，往往会动用私人的社会关系为村庄争取项目。一旦项目争取成功，为项目争取发挥过关键作用的“农转非”人员就成为村庄的“功臣”，亦在项目资金的使用和项目的具体实施上具有更多的话语权，其往往在项目实施中照顾自己的亲人或者与自己关系较好的村民。例如在争取到公路硬化项目后，动用项目资金把道路延伸到自己亲人或者关系较好的村民家门口。更有甚者，一些拥有社会资源的“农转非”人员可以与村干部合谋，以虚假材料申报项目，套取项目资金，与村干部私分。这些项目争取的私人运作后出现的公共资源私人化现象无疑扭曲了国家资源下乡的政策目标。因此，“农转非”群体动用私人社会资源为村庄争取项目的行动实践，一方面可以为村庄治理增加治理资源，另一方面也存在公共资源私人化的隐患。

因此，要充分发挥“农转非”群体作为“文化性村民”在中国农村村庄治理中的作用，就需要创新村庄治理体制机制，有效发挥该群体的正面功能，并有效防范可能出现的隐患。笔者认为，更好地发挥“农转非”群体在村庄治理中的积极作用，一方面需要在村庄建设的理念和实践上更加重视保护村庄的历史、文化和生态，“留住青山绿水，留住乡愁”，进一步增强“群转非”群体对村庄的文化认同；另一方面，需要超越主要以户籍为依据界定村民自治的参与主体资格的办法，探索以文化相关和利益相关为依据重新界定村民自治参与主体资格的新办法，并完善村庄治理的参与机制和协商合作机制，让包括“农转非”群体有更多的途径和更多的形式参与村庄治理。此外，还需要进一步完善各类财政涉农项目的监管机制，从制度上规范涉农项目资金的管理和使用，防止公共资源私人化。

2014 年 7 月 30 日，国务院出台《国务院关于进一步推动户籍制度改革的意见》。《意见》明确提出要“建立城乡统一的户口登记制度”“取消农业户口与非农业户口性质区分和由此衍生的蓝印户口等户口类型，统一登记为居民户口，体现户籍制度的人口登记管理功能。”① 这意味着农业户口与非农业户口的区分将逐步成为历史，进而“农转非”的制度安排也将终结。这表明户籍制度曾经具有的人口迁移控制和社会福利分配功能将逐步削弱和消失，新的户籍管理制度将回归人口登记管理的原初功能。但是，“农转非”群体作为传统户籍管理制度的产物，在相当长一段历史时期内仍将客观存在，他们仍将是村庄治理潜在的或者现实的重要力量。因此，问题不在于“农转非”制度是否终结，而

① 《国务院关于进一步推动户籍制度改革的意见》（国发［2014］25 号），2014 年 7 月 30 日。

在于如何通过制度安排和机制设计更好地引导这些“从村庄走去的户口不再在村庄的人群”，让他们更好地发挥在村庄治理中的作用，尤其是发挥他们退休后在村庄治理中的作用。

最后，需要说明的是，本书选择的个案村庄——湘中胜村——具有交通地理位置较好、村庄社会经济基础较好和“农转非”群体规模较大的特点。这是胜村“农转非”群体参与村庄治理现象较为突出的重要原因之一。换句话说，胜村经验的代表性，只限于与胜村有着相似特点的这部分村庄。诚然，解剖一只“麻雀”所获得的知识，固然不能反映所有“鸟类”的生理结构，但是，这种解剖至少有助于理解“麻雀”这种“鸟”的生理结构，并进而丰富对所有“鸟类”的生理结构的理解。

参考文献

一、中文文献

（一）中文译著

[1] [法]爱弥儿·涂尔干．宗教生活的基本形式[M]．渠东,汲喆译，上海人民出版社，1999.

[2] [德]马克斯·韦伯．儒教与道教[M]．江苏人民出版社，1993.

[3] [美]杜赞奇．文化、权力与国家——1900-1942 年的华北农村[M]．王福明译，江苏人民出版社，2003.

[4] 费孝通．中国士绅:城乡关系论集[M]．赵旭东,秦志杰译,外语教学与研究出版社，2011.

[5] [印]柯克·约翰逊．电视与乡村社会的变迁——对印度两村庄的民族志调查[M]．展明辉,张金玺译，中国人民大学出版社，2005.

[6] [英]古德．家庭[M]．社会科学文物出版社，1986.

[7] [美]欧文·戈夫曼．日常生活的自我呈现[M]．冯钢译，北京大学出版社，2008.

[8] [澳]迈克尔·A·豪格,[英]多米尼克·阿布拉姆斯．社会认同过程[M]．中国人民大学出版社，2011.

[9] [英]莫里斯·弗里德曼．中国东南的宗族组织[M]．刘晓春译,上海人民出版社,2000.

[10] [美]张仲礼．中国绅士研究[M]．李荣昌等译，上海人民出版社出版，2008.

（二）中文著作

[1] 蔡防,林毅夫．中国经济[M]．中国财政经济出版社，2003.

[2] 法律出版社大众出版委员会. 中国户口、人口与计划生育政策与法律实务应用工具箱(第二版)[M]. 法律出版社, 2013.

[3] 费孝通. 乡土中国[M]. 人民出版社, 2008.

[4] 费孝通,吴晗,等. 皇权与绅权[M]. 生活·读书·新知三联书店, 2013.

[5] 冯尔康,等. 中国宗族社会[M]. 浙江人民出版社, 1991.

[6] 贺雪峰. 村治模式:若干案例研究[M]. 山东人民出版社, 2009.

[7] 胡杨. 精英与资本——转型期中国乡村精英结构变迁的实证研究[M]. 中国社会科学出版社, 2009.

[8] 湖南省S县地方志编纂委员会编. S县志[M]. 中国文史出版社, 1993.

[9] 民政部基层政权与社区建设司编. 中华人民共和国村民委员会选举规程[M]. 中国社会科学出版社, 2001.

[10] 李文治. 中国宗族宗法制和族田义庄[M]. 社会科学文献出版社, 2000.

[11] 梁漱溟. 中国文化要义[M]. 上海人民出版社, 2011.

[12] 陆益龙. 户籍制度:控制与社会差别[M]. 商务印书馆, 2003.

[13] 陆益农. 超越户口:解读中国户籍制度[M]. 中国社会科学出版社, 2004.

[14] 秦晖. 传统十论——本土社会的制度文化与其变革[M]. 复旦大学出版社, 2003.

[15] 王清. 利益分化与制度变迁:当代中国户籍制度改革研究[M]. 北京大学出版社, 2012.

[16] 王峰. 户籍制度的发展与改革[M]. 中国政法大学出版社, 2013.

[17] 王沪宁. 当代中国村落家族文化[M]. 上海人民出版社出版, 1991.

[18] 王铭铭. 村落视野中的文化与权力[M]. 生活. 读书. 新知三联书店, 1997.

[19] 王先明. 近代绅士[M]. 天津人民出版社, 1997.

[20] 王德福. 乡土社会再认识[M]. 北京大学出版社, 2015.

[21] 肖立辉. 中国基层民主创新研究[M]. 人民出版社, 2009.

[22] 应星. 农户、集体与国家——国家与农民关系的六十年变迁[M]. 中国社会科学出版社, 2014.

[23] 徐勇. 现代国家、乡土社会与制度建构[M]. 中国物资出版社, 2009.
[24] 徐勇. 中国农村村民自治[M]. 华中师范大学出版社, 1997.
[25] 徐勇,等. 中国农村研究:2002年卷[M]. 中国社会科学出版社, 2003.
[26] 徐勇,徐增阳. 流动中的乡村治理——对农民流动的政治社会学分析[M]. 中国社会科学出版社, 2003.
[27] 徐扬杰. 中国家族制度史[M]. 人民出版社, 1992.
[28] 张玉林. 流动与瓦解:中国农村的演变及其动力[M]. 中国社会科学出版社, 2012.
[29] 张静. 现代公共规则与乡村社会[M]. 上海书店出版社, 2006.
[30] 张厚安,等. 中国农村村级治理:22个村的调查与比较[M]. 华中师范大学出版社, 2000.
[31] 詹成付. 乡村政治若干问题研究[M]. 西北大学出版社, 2004.
[32] 朱农. 中国劳动力流动与“三农”问题[M]. 武汉大学出版社, 2004.
[33] 仝志辉. 选举事件与村庄治理[M]. 中国社会科学出版社,2004.
[34] 盛运来. 流动还是迁移:中国农村劳动力流动过程的经济学分析[M]. 上海远东出版社, 2008.

(三)期刊论文

[1] 边燕杰,李颖晖. 体制转型与户籍身份转化:“农转非”微观影响机制的时代变迁[J]. 中山大学学报(社会科学版), 2014 (4).
[2] 程同顺,赵银红. 乡村管理模式的回顾与前瞻[J]. 上海社会科学院学术季刊, 2000(1).
[3] 常伟. “一事一议”为何寸步难行[J]. 调研世界, 2008(7).
[4] 常伟, 苏振华. “一事一议”为何效果不佳:基于机制设计视角[J]. 兰州学刊, 2010(5).
[5] 郭虹. “农转非”与中国的户籍制度改革[J]. 经济体制改革, 2004(4).
[6] 寇彧. 论个体价值取向发展与其道德权威影响源的关系[J]. 北京师范大学学报(人文社会科学版), 2001(1).

[7] 黄坚．“一事一议”下村级公益的困境与出路[J]．乡镇经济，2006(1)．

[8] 韩俊．当代农村经济形势透视与近代改革的思路[J]．中国农村经济，1994(1)．

[9] 贺雪峰．村民自治的功能及其合理性[J]．社会主义研究，1999(6)．

[10] 贺雪峰．论半熟人社会——理解村委会选举的一个视角[J]．政治学研究，2000(3)．

[11] 贺雪峰．农村社会结构已发生重要变化[N]．北京日报，2015-10-26(18)．

[12] 马宝成．税费改革、“一事一议”与村级治理的困境[J]．中国行政管理，2003(9)．

[13] 李强．中国大陆城市农民工的职业流动[J]．社会学研究，1999 (3)．

[14] 李春玲．流动人口地位获得的非制度途径——流动劳动力与非流动劳动力之比较[J]．社会学研究,2006 (5)．

[15] 李晓楠,孙建芳．基于国家视角的村庄公共产品供给模式转变分析[J]．农村经济，2011(11)．

[16] 李祖佩．项目下乡、乡镇政府“自利”与基层治理困境——以某国家级贫困县的涉农项目运作的实证分析[J]．南京农业大学学报(社会科学版)2014 第 5 期,第 18-25 页。

[17] 穆光宗．人口流动效应与新农村建设——“文化家乡”的理论构建[J]．中国图书评论,2006(10)．

[18] 刘精明．向非农职业流动:农民生活史的一项研究[J]．社会学研究，2001 (6)．

[19] 刘应杰．中国城乡关系演变的历史分析[J]．当代中国史研究，1996(2)．

[20] 林易．“凤凰男”能飞多高:中国农转非男性的晋升之路[J]．社会，2010 (1)．

[21] 罗兴佐．论村庄治理资源——江西龙村村治过程分析[J]．中国农村观察，2004(3)．

[22] 罗兴佐．第三种力量[J]．浙江学刊，2002(1)．

[23] 卢建红．“乡愁”的美学——论中国现代文学的“故乡书写”[J]．华南师范大学学报(社会科学版),2012(1)．

[24] 陆益龙．户籍制度改革与城乡关系的协调发展[J]．学海，2001(6)．

[25] 陆益龙．1949年后的中国户籍制度:结构与变迁[J]．北京大学学报(哲学社会科学版), 2002 (2).
[26] 陆益龙．户口还起作用吗——户籍制度与社会分层和流动[J]．中国社会科学, 2008,(1).
[27] 吕德文．村治研究的传统与现状——二十多年来的华中地区村治研究[J]．华中科技大学学报(社会科学版), 2006(4).
[28] 王美艳,蔡昉．户籍制度改革的历程与展望[J]．广东社会科学,2008 (6).
[29] 温铁军,杨帅．中国农村社会结构变化背景下的乡村治理与农村发展[J]．理论探讨, 2012(6).
[30] 吴理财,夏国锋．农民的文化生活:兴衰与重建——以安徽省为例[J]．中国农村观察, 2007(2).
[31] 吴毅,贺雪峰,罗兴佐,等．村治研究的路径与主体——兼答应星先生的批评[J]．开放时代, 2005(4).
[32] 吴毅,李德瑞．二十年农村政治研究的演进与转向——兼论一段公共学术运动的兴起与终结[J]．开放时代, 2007(2).
[33] 吴晓刚．中国的户籍制度与代际职业流动[J]．社会学研究, 2007 (6).
[34] 吴重庆．从熟人社会到“无主体熟人社会” [J]．读书, 2011(1).
[35] 武力．论改革开放以来中国城乡关系的两次转变[J]．教学与研究, 2008(10).
[36] 肖唐镖．村治过程中的宗族——对赣、皖10个村治理状况的一项综合分析[J]．福建师范大学学报(哲学社会科学版), 2003(5).
[37] 肖唐镖．宗族在重建抑或瓦解——当前中国乡村地区的宗族重建状况分析[J]．华中师范大学学报(哲学社会科学版), 2011(2).
[38] 谢桂华．“农转非”之后的社会经济地位获得研究[J]．社会学研究, 2014 (1).
[39] 胥爱贵, 韩卫兵．农村税费改革后实施村民一事一议的几点思考[J]．现代经济探讨, 2002(9).
[40] 杨士进．现行户籍制度的形成、演变及其反思[J]．北京党史, 2008(2).
[41] 应星．评村民自治研究的新取向——以〈选举事件与村庄政治〉为例[J]．社会学

研究, 2005(1).

[42] 俞可平．治理和善治引论[J]．马克思主义与现实, 1999(5).

[43] 张海庆．解析“事难议、仪难决、决难行”——兼议农村公益事业的出路[J]．财税与会计, 2003(5).

[44] 张文宏．社会资本:理论争辩与经验研究[J]．社会学研究, 2003(4).

[45] 张宏敏．“文化中国”概念溯源[J]．深圳大学学报(人文社会科学版), 2011(3).

[46] 张静．历史:地方权威授权来源的变化[J]．开放时代, 1999(3).

[47] 张文．社区慈善:两宋民间慈善活动的空间结构[J]．中国社会经济史研究, 2005(4).

[48] 周飞舟．从汲取型政权到“悬浮型”政权——税费改革对国家与农民关系之影响[J]．社会学研究, 2006(3).

[49] 周飞舟．财政资金的专项化及其问题——兼论“项目治国”[J]．社会, 2012(1).

[50] 郑冰岛,吴晓刚．户口、“农转非”与中国城市居民中的收入不平等[J]．社会学研究, 2013 (1).

[51] 郑一平．影响村级治理的主要因素分析——江西省桥下村调查[J]．中国农村经济, 1997 (9).

[52] 左鹏,周菁．户口买卖与户籍制度改革——来自P市的调查[J]．中国人口科学, 2000(2).

[53] 仝志辉．乡村政治研究诸问题——对应星批评的回应和进一步思考[J]．社会学研究 2005(3).

[54] 宋宝安, 蒲新微．论当代中国老年人的心理特点与生存价值[J]．社会科学战线, 2005(5).

(三)学位论文

[1] 卢福营．个私业主主政的村庄治理[D]．华中师范大学博士学位论文, 2006.

[2] 宋嘉革．中国户籍制度改革与农村人口城市化转移[D]．东北财经大学博士学位论文, 2006.

[3] 王文录．人口城镇化背景下的户籍制度变迁研究[D]．吉林大学博士学位论

文, 2010.

[4] 严士清．新中国户籍制度演变历程与改革路径研究[D]．华东师范大学博士学位论文, 2012.

[5] 张婷．“农转非”:国家建构下的农民身份选择逻辑[D]．华中师范大学硕士学位论文, 2011.

[6] 刘荟．农转非:基于经济变迁与制度变迁的视角[D]．华中师范大学硕士学位论文, 2011.

[7] 张婷．“农转非”:国家建构下的农民身份选择逻辑[J]．华中师范大学硕士学位论文, 2011.

[8] 张世勇．积极分子动员下的村庄公共品供给[D]．华中师范大学硕士学位论文, 2007.

二、英文文献

[1] Bourdieu, Pierre,“The Forms of Social Capital.” in Handbook of Theory and Research for the Sociology of Education,(ed.) by John G. Richardson, Westport, CT.: Greenwood Press. 1986. p248.

[2] Chan,K. W. Post-Mao China: A Two-class urban society in the making. International Journal of Urban and Regional Research,1996,20(1):134-150.

[3] Cheng,T. J. ,M. Selden. The Origins and Social Consequences of China's Hukou System. China Quarterly,1994(139):644—668.

[4] Fan,Cindy. The Elite,the Natives,and the Outsiders: Migration and Labor Market Segmentation in Urban China. Annals of theAssociation of American Geographers 2002,92(1):103—124.

[5] Liang,Z. ,Y. P. Chen. The Educational Consequences of Migration for Children in China. Social Science Research, 2007,36(1).

[6] Logan,J. R. ,Y. P. Fang,Z. X. Zhang. Access to Housing in Urban China. International Journal of Urban and Regional Research,2009,33(4):914—935.

[7] Wu,X. G. ,D. J. Treiman. The household registration system and social stratification in

China: 1955—1996. Demography, 2004, 41(2): 363—384.

[8] Taifel, H. 'Social categorization', English manuscript of 'La catégorization sociale', in S. Moscovici (ed) Introduction à la paychologie sociale, vol. 1, Paris: Larousse. 1972, p31.

附录

附录1：调查表

在外工作人士基本情况调查

各位乡亲：

本人在做一项有关村庄在外工作人士的研究，请您帮忙列出您所知道的本村在外工作人士的基本情况。本次调查的在外工作人士主要指，通过升学、参军等途径从本村出去的，并把农业户口转为非农业户口的人士。

此次调查结果仅作学术研究用，请放心填写！非常感谢您的帮助！

祝您：身体健康、工作顺利、家庭幸福

××村××组在外工作人士 ××

2015年10月13日

说明：您可以根据方便程度，通过填写下面电子表格、短信编辑信息、纸张列出后手机拍照传照片等形式反馈信息。①

姓名	年龄	工作单位/经营领域	所在城市	户口是否迁出本村	户口迁出方式	是否还有家人（父母或兄弟姐妹）在村居住	所在村民小组	学历

① 本调查表采用网络调查和现场调查两种形式，网络调查主要通过胜村爱心互助微信公众号、胜村微信群、胜村在外人士 QQ 群开展，现场调查则是找村干部、村民和“农转非”人员更具自己了解的情况填写。

附录2:《古桥毁了，禹公精神毁不了》

古桥毁了，禹公精神毁不了

谨以此文缅怀修建古桥的老前辈——禹公夫妇

谨以此文献给可敬可爱的真心护桥保桥的人民

呜呼！可惜：

大村唯有的三百年古文化建筑——星桥，终于在公元2013年6月24日上午被强行毁了！可惜，令人心痛！

这座古桥是×村彭氏第十二世组夏湾禹生公夫妇，于康熙54年（即公元1710年）独资修建。桥两头还各修了两条石板路伸向四方，形成了一幅特别神奇亮丽的图画！“三步一拱，三拱一桥，水中有田，河中有洲”的赞语，流传省外。

三百年来，古桥曾承载着丰瑞、杏子、测水行人过往，今天仍能承载大小车辆通行！它彰显着前辈们的创造精神：毁桥人扪心自问，大桥经历了三百年，受过上千次大水的冲击，经受了无数风雨的敲剥，今天又经受了无数大小车辆的碾压，容易毁烂吗？足可以说明只要稍微维修，限制重车通过，再去三百年也不会跨！它彰显着先辈们的智慧和力量：单看古桥上这些难以数清的石头，有的上千斤重，那时没有公路、吊车、挖机，从很远的地方把石头运来修桥，其难度可想而知！在桥的结构看，三拱石桥，天然无缝，那时没有水泥，全靠桐油糯米做砌泥，造型这样精炼，今天有吗？它彰显着前辈眼光远大，造福人类的崇高品德：三百年前修的桥，今天能过重车，现在修的桥百年后能吗？

多么伟大的前辈啊！这座古桥过去是大村唯一的一道亮丽的风景！

三百年后仍是大村唯一的一座古文化建筑。您的曾子曾孙做梦也想让您们的精神发扬光大。只要发财了，就要把您们修的这座古桥维修保养，并在两头各建一个亭子，让过往行人车辆驻足观光。

可惜了！真可惜了！古桥毁了！它毁了祖先们历尽千辛万苦创下的伟业，它毁了毁了祖辈们历代儿孙的愿望。让一代一代人感到后悔！难道不是遗害子孙的千古罪人吗？

我们真不知道，这些人为什么不顾人们的阻拦，不顾民意，不孝前辈，同时，也不顾学生们离放暑假只隔几天了，不顾“双抢”稻田急水，迫不及待地非要拆除古桥不可？也许是怕夜长梦多吧？难道真的是为了发展吗？难道真的是为了安全吗？

为了发展，就是只为了重车通行，到头来我们现在修的路行吗？只能让现实说话了。毁掉古桥，修水泥桥，就是安全了吗？修的水泥新桥可用百年吗？同时毁掉古桥也毁掉了我们今后难以创造出的古方古色的美好环境！有觉悟，有知识的人难道不知道吗？难道不知道毁桥者的用心吗？

可敬可歌的修桥前辈啊，您们的基业——古桥毁了，但禹公夫妇的精神永远毁不了。今天不光是姓彭的，还有姓张的、姓王的……有许多人为了保桥护桥，不怕得失，付出了心血。他们也真是可敬可爱的人，古桥没保住，也尽力了，前辈们应该欣慰，禹公在天有灵会保佑你们！

护桥的乡亲们，我们报纸上、新闻里看到过。有的权贵为了油水、为了政绩，不顾国法，践踏民意毁古桥，造样板工程，结果自受重罚，受处分，进牢房的事例。我们看到了许多地方为了美化环境把许多已毁了的古文化建筑重新修起来了吗？我们本来就有这样一个最优越的古文化建筑就无奈被毁了，实在可惜！

别自责，别自怨！我们保护古桥是缅怀前辈伟业，昭告后人，造福社会，有法可依，是维权维法，更重要的是为了家乡美好的明天。

笔者是直言之人，一贯来不会说假话，也不愿听假话，出示真心，为保古桥的仁人志士无限感激！

古桥虽毁了，禹公精神永远毁不了！

护桥者的精神可敬可爱！可歌可颂！

笔者：PSP

2013 年 6 月 28 日

附录3：《一场相向而行的争议看今日胜村》

一场相向而行的争议看今日胜村

农历五月初四，我回家乡过端午，碰到大部分村民都在议论一个中心话题，关于新桥重建。一方说：“随着时代的变迁，形势的发展，有彭氏家族中的杰出代表十二世祖禹生公，官至儒林郎，于清康熙五十四年，捐资独建的新桥，现在已远远不适应当今社会生产发展的需要与需求，故必须尽快拆除重建，而且刻不容缓。”而另一方的意见是：“应保留原桥，另辟蹊径，在桥的下水重建一座，理由是因为新桥，已有290多年的历史了，已属古迹。倘若今后创建生态旅游村，它就是一个固定的最佳景点，一道亮丽的风景线，两全其美，何乐而不为呢?”

作为笔者，以及在外工作人员和务工人员，我们认为，二者并不矛盾，与时俱进，发扬光大，青史遗物，永放光芒。我们都身为××子孙，特别是作为禹生公的后人，有着浓烈浑厚的怀古、怀旧之情怀，不言而喻，更应得到大家的理解与支持。当然，鱼和熊掌不可兼得。经过县交通、公路管理部门、镇党委、政府、总支等单位领导评估，技术人员现场勘察、研讨、论证，作出正式结论，实行危桥改造重建，我想，这是××及周边村组人民群众生活中的一大幸（盛）事，无可厚非。

为了顺民意，体民情，由Z镇曾镇长、总支王书记等多名领导干部亲自上门，深入群众，调查研究，了解存在分歧原因，做了大量的解释工作，征求了各方面的意见，几次推迟动工，而不是采取强制手段，使得修桥问题顺利解决，破解了这一难题。彰显地方政府与基层民众鱼水情深、令人可敬。

为了修好新桥，造福百姓，村支两委、热心人士多次奔走于县镇之间。承载与付出的艰辛，也是有目共睹。特别是为了资金及时到位，PGQ 书记从家里拿出四万元，WGC 村长、PQF 主任各拿出两万元，先前垫付，这种精神令人敬佩。

另就是以 PZF 等一大批有识之士，从关心村级建设，保护文物古迹出发，提出各种不同看法，也是应该尊重和赞许的。从这件事，充分说明，群众觉悟提高了，保护文化遗产意识增强了，村民参政议政，开始步入正轨，我们都应该从正面上去看。

其次，有些同志提议，修好新桥，再建个禹生公纪念亭，搞架大型水车，我认为此建议特别好，故送小联一付：

旧桥重建，惠我百姓

新亭再创，告慰英灵

笔者：PMQ

2013 年 6 月 25 日

附录4：《进言书》

胸怀子民匡正义 共建美好新胜村
进 言 书

应村民之邀，受务工人员和在外人员之托，要我对2014年胜村领导班子选举写点东西，谈点见解，提点建议。为此，趁大家都在热议“胜村未来发展方向”之时，简单谈点肤浅见解和建议。

一、一定要紧扣党中央关于“农业科技创新”的主题，改变传统思维模式、选举模式、耕种模式，适应新形势，为以后打造“农业科技园、集团化经营”创造有利条件。

此次选举非常重要，不同如以往。它是一次“承前启后、继往开来、培养优秀人才梯队”已经刻不容缓的一次重大变革选举。它攸关胜村未来和胜村的发展走向，类似80年代的改革开放，选好了是村之幸、民之福。否则仍会在慢车道上徘徊。

二、情况分析：××具有三大优势。首先是地理优势，面朝大村盆地，农田八百亩，加上旱土山地上千亩，土地肥沃，山水相连，旱涝保收。有得天独厚的自然条件，有天然粮仓的地理环境。其次是资源优势：粮、棉、油、大豆、高粱、玉米、红提、葡萄、柑橘、瓜果、蔬菜等农作物，一种就有。山上有木、竹、茶叶、油茶林自然天成。其三是人才优势：外出工作人员和务工人员多、博士、硕士、畜牧水产专家、医学专家、教授、国家干部、农技师、经济师、经商老板、科技文化人才比比皆是。最近几十年，由于这些资源未能裁剪利用，缺少正确导向和人才培养，致使资源流失，没有发挥正能量，有材未成林，一直处于自发式、自由化发展。文化思想、观念相对落后、智力开发，顶层设计尚属处女阶段，人才外流现象严重，有本事的因经济收入低不想干，一般人才又只好围着锅台转。取经者少，开拓者无，连许多有识之士提出的好建议，献出的好计策都在当做笑柄在宣传，致使大家失去信心。特别是近几年，政治气氛不浓，环境污染严重，山青了，但水臭了，如果再不重视，不加整治，在不久的将来，我们村将会成为Z桥镇的首个污染村，人才也会出现断层。“还我青山绿水，培养人才梯队”已是全体村民的共识，也是当务之急。因此务请全村共产党员，组长村民，认真思考，履行职责，肩负使命，出来参选。把你手中那神圣一票。投给您心中最满意、最放心、有责任心、勇于担当、有德有才有能有经济意识，愿意为全村人们服务，也就是您最信得过的人。

三、关于村班子队伍，一定要顾及上中下，不拘一格，男女搭配。像我们这样的村，可向上级申请4~5名村支委。这样，各组可提候选人若干名，逐一筛选，组长就在候选人中产生。待以后成立“村级智囊团”可就地取材。另就是应该增选几名替补队员或叫村支候补委员，为下届选举打好基础，为后梯队储备人才。班子选好后，应着手建立健全村支会议、财务、财经、村干部工作日等各种规章制度，展开土地、房屋、道路、山水调研，以便合理开发、合理利用、合理布局。

四、要充分利用现有：五环养猪场、红提葡萄基地、砖厂、锯木场、稻谷加工厂、面条加工厂、商店、钓鱼塘，扩大经营，增加村民就业。急需培养互联网人才，尽快筹划信息、文化、产业、落实电脑教学、开放农家书屋，办好武术（太极）舞蹈培训辅导站、筹建文化休闲娱乐广场，解决好在家务农人员工作中遇到的实际困难，丰富留守人员的精神文化生活和夜生活。让“胜村”二字重新书写，让“集体”二字绽放出智慧的光芒，让“××村”三个字艳扬在我们的上方。

以上建议，仅供参考，不对的地方请见谅。

PMQ

2014年2月20日

附录 5：《一封家书话春秋》

一封家书话春秋

亲爱的乡亲们：

你们好！

风雨五年再回首，时间追溯到 2008 年，正当世界金融危机，大批务工人员纷纷还乡。我村有一部分同志常集市里，希望我为他们找点事做，由于本人不才，没有任何资源，况且能力也有限，仅有的是满腔爱村之心，报恩之情。经过冥思苦想，决定常回家与乡友们共商探索致富之路。就在当年的八月十五日晚，我请了点小客，召集大家在彭献礼家地坪里，举行了一次别开生面的“中秋茶话座谈会”。会上，大家畅所欲言，各抒己见，高谈阔论，谈政策、谈政治、谈政务、谈经济、谈商务、谈发展、谈人生、谈未来、谈过去优良传统、谈人际关系和自由经济等。涉及领域之多之广之深，超出我的想象。最后提及爱心互助，让我耳目一新，也就有了后来的“爱心互助会”。会议开的很成功，所以第二天就传遍了梓门桥。不久传遍了双峰，传到了娄底。

时隔不久，我和 XS、PQF、WGC、PQF、PWQ 商拟，邀请 WYJ、PYH、PGC 等人参与，在 PSP 校长家门口举行了胜村有史以来的第一届（2009 年）“金牛闹春”农民春节联欢会。尔后，在 Z 镇、DC 总支领导牵头下，又举行过第二届（2010 年）、第三届（2011 年）村办春节联欢会，以及我与 16 位在校大学生交流会。当年 5 月被县委宣传部定位“S 县社会主义精神文明建设试点村”，向全县推广，后因各种原因而停办。

2011 年农历正月十三日，以 WG、PCF、WGC、PSP、XBH、SBZ、SFN 和我为代表，经过两年多的艰难筹组，终于成立了湖南省首个“S 县 Z 镇胜村爱心互助会”。目前，会员近 100 人，资金逐年增多，其中大部分钱已用于慰问××村三孤特困人员和重症患者，奖励了少数有志青年，使××村上访人员逐渐减少，社会风气略有改观，为周边村组树立了榜样，为上级领导省去了一些麻烦，为胜村作出了不可磨灭的贡献。

五年来，我已经写了不少“讴歌当地、点赞村上、赞美家乡人民”的诗词、对联和文章，有些在市报诗刊上登载过，包括写报告，应该不少于 40 万字。如：《浪淘沙 · 蓝家河》《七绝 · 新桥》《渔家傲 · 秋日偶感》《村歌子 · 胜村》《君临双梓 · 长天碧水》《平安十五村 · 春联》《怀念家长 · 胜村》《星桥之恋》《星桥记》《菁花满园话胜村》《胜村概况》《一场向相而行的争议看今日胜村》《关于农民春节联欢会情况的汇报》《胜村社会主义精神文明三维（三围 · 三为）一体实施方案》等文章。为了弘扬当地文化、胜村精神，我曾走村串户，耗费不少时日和大量金钱，倾注了全部心血。为了支援家乡建设，我常亲自上门，拜访胜村驻娄工作人员，发动大家多次捐款。为了村里各项事业，我要求子女奉献爱心，为了打开家乡致富之门，我用启迪的形式，改造了河岸塘，解决了周边春季秧苗用水之困。为了修二机部，我以个人身份邀请市领导来我村为村里解决了资金数万元。为了我村白内障患者，我私人邀请罗主任到位村义务会诊。为了搞活胜村经济，我想方设法几次邀请单位领导到位村进行“蔬菜家产品基地”调研，从未要村里请过一次客，花过一分钱，跑过一次路，说过一句好话。为了村里有个好环境好名声，我建了凉亭，搞好鱼塘，修起了操坪，和村干部一道做好了村部，并将自家的厅房拿来做书屋和小会议室。为了村组开会便利，我为大家提供了一个 80 平方米的会议娱乐室，最近又两万多元搞装修（SFN 同志出了壹万）。为丰富村民文化生活，让老年朋友有个休闲聊天的场所，度过银色晚年，享受夕阳美景，让小孩们有个幸福快乐的金色童年，我们一直在策划建个生态小公园，小型文化广场，武术舞蹈和太极为一体的辅导培训站。为了让留守人员有事做，我们还打算准备去省市争取项目，搞个小苗圃、沿河风光带，现在看来很难如愿。原因是胜村的政治气氛和整个风气，实在令人堪忧。斗志者少，斗气者多。甘为蛇虫者少，抢做龙、王者多，王者无风范。真正的领导人物在哪里？

为了使我村早日进入全市先进行列，所以我才写了“进言书”。进是上呈的意思，言就是建议（市县镇总支各放了一份）。领导们说：写得好，有水平。功底深厚，分析透彻，紧跟形势。但到了村里，什么版本都有，有人拿去做文章，断章取义，过分解读，胡乱猜测，添油加醋，甚至有人说我干扰选举，真是不知如何说、如何做才对。当然绝大多数聪明人，一看就明白，并且反复推敲，悟出了真谛。现将部分内容诠释一下：我讲的慢车道是从人行道、自行车道、机耕道、村乡县级道即慢车道，要大家把班子选好是出于公心，是为了让胜村迅速走向快车道（高速道、动车道），走进全市先进行列。应该是没错。组长也是长，而且是 1/13 个村长，可作为后备力量，年青有为的做人才梯队培养，老的进入“村智囊团”，搞顶层设计。另就是污染问题，来往往这里看病的人经常讲。胜村的水已经喝不得了，要大家重视是非常必要的。人病了，花钱不是更多吗？谈到自发式、自由式发展，恐怕全县大部分农村都如此，我还没有发现有几个村像娄底周边的村那样正常上班，每月有办公日，村干部有整套远景规划，1～3、4～6、7～10、10～20 年的打算。村无规划无示范图，上边分配点任务，底下打折完成，从来没有哪个主动走村串户，一心为村民着想。其实这几年，我一直过得并不开心。一是做事过程十分艰难，二是阻力大。家人说我是神经病，朋友说我瞎操心，外人问我图什么。现在我就来将实情告诉大家。自从我清理河岸塘开始到所有事情做完，全村有 60 人为我义务帮工 178 个，他们分别是：

名单（略）

看到以上这则数字，我想大家也会明白了，我会记住同志们的恩情。

在这里，我既感谢胜村人们，特别是余家人民，同时也感谢县镇关工委、Z 桥镇党委政府、大村总支，感谢你们对我的关心和充分肯定，发给我两本“荣誉证书”。因父母人格定格，长辈们的纷纷离去，在胜村我已无任何牵挂，唯一难舍的是和乡亲那些朝夕相处的日子，那段很难割舍的乡情和对家乡那块多情的土地有着深深的爱。

最后，希望大家“把胜村建设好”，少一点摩擦，对一点理解，少一分猜疑，多一分坦诚，随着时间，“一切归零”。

“度尽劫波兄弟在，相逢一笑泯恩仇”“良言一句三冬暖，恶语伤人六月寒”“剪不断，理还乱”。我把它改了一下送给大家：“千古相逢既有缘，相逢何必互埋怨，直言不讳心头短，少去计较心不烦，剪不断，心不乱，丢到一边并不难”，大家认为呢？

希望大家常集娄底来我家做客，我会常回家拜问乡亲们的。

此致

兹祝金安

PMQ

2014 年 3 月 12 日

后记

本书是我博士学位论文的修订版。

把博士论文选题确定为"'农转非'群体参与村庄治理研究"既属偶然，又似必然。2013 年我考入华中师范大学政治学研究院，在吴理财教授指导下攻读博士学位，主要从事公共文化服务研究。偶然，2015 年清明节我回老家扫墓时一次顺带的社会调查，激发了我对"农转非"群体的研究兴趣。这次社会调查结束回校后，我把调查发现和自己不甚成熟的思考向师门学术团队进行了汇报。我这不甚成熟的思考引发了学术团队的热烈讨论，导师和团队成员鼓励并支持我继续深入研究并把它作为学位论文选题。现在想来，这与学术团队成员基本都出生于农村，都属于"农转非"成员，都对农村有着一种与生俱来的情怀，不无关系。作为一个从农村走出来的研究者，关注和研究"农转非"群体与村庄治理的关系，似乎就是在回顾自身的心路历程，探寻自身的价值皈依，有着责任、情怀与使命的担当。

本书的写作和出版得到了众多师长、同学、朋友和亲人的支持与帮助。

我的导师吴理财教授对本书的选题确定、框架建构和写作内容都给予了细心的指导，还欣然撰写了序言。没有吴老师的关心和指导，就没有本书的面世。

在华中师范大学求学期间，李世敏、胡军、张良、李山、周纯义、毛铖、席军良、雷俊、庄飞能等博士同学在各种正式和非正式场合与我就本书写作思路与观点进行过深入探讨，他们的建议让我受益良多。

北京市社会科学院王忠研究员不仅就本书写作提出了有价值的建议，还为本书出版提供了诸多帮助。

在胜村调研期间，很多热心的父老乡亲为此次调研工作提供了大量无私的支持，由于学术匿名规范要求，遗憾不能一一列出他们的名字。

读博期间，我的父母和爱人不仅承担了大量繁琐家庭事务，还给予了我莫大的鼓励与支持，正是有他们的支持，我才能安心地投入到本书的研究与写作。

海洋出版社杨明女士为本书的出版给予了大量精心细致的帮助。

追梦的路，难免有风雨，但从不会缺少阳光。感恩三年的博士求学生活，感恩那些关心、支持和帮助过我的师长、同学、朋友和亲人。

王前

2019 年 11 月 12 日

于湖南工业大学崇信楼